外国語として出会う日本語

外国語として出会う日本語

小林ミナ
Mina Kobayashi

岩波書店

本文イラスト・飯箸　薫

目　次

目　次

目　次

目　次

一　はじめに――「母語」ではなく「外国語」として

日本語を勉強している外国人の友だちから、こんな質問をされたと考えてみてください。

- 「切る」は「切って」、「走る」は「走って」なのに、どうして「着る」は「着って」、「食べる」は「食べって」にならないんですか。
- どういう動詞が、「って」になるんですか。

さて、どう答えましょう。あなたはこんなふうに考えるかもしれません。

- 「どうして」と言われても困るけど、「着る」は「着て」だし、「食べる」は「食べて」と言う。少なくとも日本人だったら、「着って」「食べって」と言うことはない。
- 「どういう動詞が」と聞かれても、単語によって決まっているんだから、こういうのは時間をかけて一つ一つ覚えていくしかないと思う。私たち日本人だって、英語を勉強するときには「go-went-gone」とか「come-came-come」というような不規則変化の動詞を、一つ一つ覚えたのだから。

「着って」「食べって」とは言わない。そこまではわかりますが、改めて「どうして」「どういう動詞が」と問われると、答えに困ってしまうのではないでしょうか。

「母語」ではなく「外国語」として

本書では、日本語を「母語」としてではなく、「外国語」として見ていきます。「外国語として見る」というのは、ふだん私たちが無意識に使いこなしている日本語の使い方や意味について、「日本語を知らない人にもわかるように記述する」ということです。

そのためには、「日本人だったらそうは言わない」とか「微妙にニュアンスが違う」といったような、経験や感覚に訴えた言い方ではなく、「こういう状況では使えるが、こういう状況では使えない」とか「その文がおかしく感じられるのは、〜だからである」といったように、ことばの背後

にあるルールを、目に見える形で説明することが必要です。さきの例でいえば、「どういう動詞が「って」になるのか」について、ルールとして記述しなければなりません。

日本語学習者の質問や誤用を手がかりに

ところが、母語である日本語の使い方や意味を「外国語として見る」「目に見える形で説明する」というのは、それほど簡単なことではありません。なぜなら、私たち日本人は、生まれてから無意識のうちに、辞書や文法書に頼ることなく日本語を習得しており、小学校にあがる頃には、母語としての日本語を自由自在に使いこなせるようになっているからです。そこで本書では、日本語を学んでいる人たちの質問や誤用を手がかりにして、これを考えてみることにします。

日本語を学んでいる人たちの質問や誤用というのは、実にさまざまな示唆に富んでいます。質問や誤用があらわれた背景を考えることによって、私たちの頭の中にある「ことばのルール」があぶり出されます。それと同時に、私たちがふだん、いかに複雑なルールに従って日本語を使いこなしているかに驚かれることと思います。

本書では便宜的に、「日本人」ということばで「日本語を母語とする人」をあらわします。また、「外国人」「学習者」「留学生」ということばで、「日本語を学んでいる人」「日本語を母語としない人」をあらわします。

厳密にいえば、「日本人」というのは「日本国籍をもっている人」のことをいいますので、たとえば、日本人の両親に連れられて、赤ちゃんのときに海外に行き、そこで、ずっと現地の学校教育を受けた場合など、「日本のパスポートはもっているが、日本語がまったく話せない」ということもありえます。その一方で、日本国籍をもっていない、つまり、「外国人」であっても、最初の言語として日本語を獲得し、母語が日本語である人もいます。

また、本書でとりあげるエピソードは、すべて筆者自身が体験したものですが、内容に影響しない固有名詞(氏名、国名、地名など)については、個人が特定できないよう、適宜、手を加えてあります。

二　「どうして「食べって」と言わないの」

――説明は簡単じゃない

ここでは、前章に出てきた質問を、もう一度考えてみましょう。

質問1　「切る」は「切って」、「走る」は「走って」なのに、どうして「着る」は「着って」、「食べる」は「食べって」にならないんですか。

答え1　「どうして」と言われても困るけど、「着る」は「着て」だし、「食べる」は「食べて」と言う。少なくとも日本人だったら、「着って」「食べって」と言うことはない。

たしかに、日本人であれば、「着って」「食べって」と言うことはないでしょう。しかし、このような個別の説明では、新しい動詞に出会ったときに、それが「～て」になるのか「～って」になるのかわからないという問題があります。

質問2　どういう動詞が、「って」になるんですか。

答え2　「どういう動詞が」と聞かれても、単語によって決まっているんだから、こういうのは時間をかけて一つ一つ覚えていくしかないと思う。私たち日本人だって、英語を勉強するときには「go-went-gone」とか「come-came-come」というような不規則変化の動詞を、一つ一つ覚えたのだから。

本当にそうでしょうか。「go-went-gone」とか「come-came-come」と不規則変化の動詞を覚えたように、時間をかけて一つ一つ覚えていくしかない。それが唯一の方法でしょうか。

1　動詞のグループの見分け方

「くりこる」のテ形

それを確かめるために、ちょっとテストをしてみましょう。

次にあげる動詞を、例のように「〜て」の形に変えてみてください。以下、動詞の「〜て」の形(学校文法でいう「連用形」)を、「テ形」と呼ぶことにします。

例　はしる　→　はしって　　かりる　→　かりて

(1)　くりこる　→

(2)　はらかぼす　→

(3)　かみられむく　→

いかがですか。次のようになったのではないでしょうか。

(1)　くりこる　→　くりこって

(2)　はらかぼす　→　はらかぼして

(3)　かみられむく　→　かみられむいて

「「くりこる」なんて動詞、知らないぞ。どんな意味だ？」と、思わず国語辞書に手を伸ばした方がいらっしゃるかもしれません。申し訳ありません。実は、(1)～(3)はすべて架空の動詞です。国語辞書には載っていません。

しかし、このような架空の動詞、つまり、これまでに一度も見たことも聞いたこともない、もちろん意味すら知らないはずの動詞であっても、私たちは、テ形に変えることができました。

ここからわかるのは、私たち日本人は、「切る」→「切って」、「走る」→「走って」、「食べる」→「食べて」……といったように、動詞のテ形を一つ一つ個別に覚えているのではないということです。別の言い方をするなら、私たちは、テ形を作るための何らかのルールを頭の中にもっており、そのルールをあてはめることによって、テ形を作っているということです。

動詞のグループ

では、テ形を作るルールとは、いったいどのようなものでしょうか。

日本語の動詞は、活用の仕方によって、大きく三つのグループにわかれます。テ形を作るルールは、このグループによって違います。

それぞれのグループには、次のような動詞があります。

1グループ　会う、書く、泳ぐ、こぼす、待つ、死ぬ、遊ぶ、飲みこむ、ある、……
2グループ　着る、寝る、見る、いる、落ちる、食べる、調べる、考える、……
3グループ　する、来る

このような動詞のグループ分け、どこかで見たことがありませんか。

1グループの動詞は、私たちが中学校や高校の国語の時間に、「五段活用動詞」と習ったものです。日本語教育では、「子音動詞」などと呼ばれることもあります。

2グループの動詞は、「一段活用動詞」と習ったものです。日本語教育では、「母音動詞」などとも呼ばれます。

3グループの動詞は、「サ変動詞」「カ変動詞」と呼ばれるものです。「する」と「来る」のたった二つしかありませんが、この二つの動詞は、次のように、とても生産性、造語性が高い優れ者です。

・する、勉強する、休憩する、のんびりする、ファイルする、ジャンプする、……
・来る、持って来る、やって来る、買って来る、連れて来る、……

このようなグループごとに、テ形の作り方を見ていきましょう。

テ形を作るルール

テ形を作るルールがいちばん簡単なのは、2グループの動詞です。次のようになります。

着る　↓　着て
寝る　↓　寝て
見る　↓　見て
いる　↓　いて
落ちる　↓　落ちて
食べる　↓　食べて
調べる　↓　調べて
考える　↓　考えて

これらを見てすぐにわかるのは、「る」が「て」に変わっているということです。2グループの動詞をテ形にするときには、最後の「る」を「て」に変えるだけでよく、例外もありません。

3グループの「する」と「来る」は、次のようになります。この二つの動詞は、それぞれ特殊な活用システムをもっていますので（そのため「カ行変格活用」「サ行変格活用」などと呼ばれます）、個別に覚えるしかありません。

する　↓　して
来《く》る　↓　来《き》て

やっかいなのが、1グループです。このグループの動詞は、最後の音によって、活用の仕方が違います。ルールをまとめると次のようになります。

・「く」で終わる動詞は、「いて」にする。

書く　↓　書いて
聞く　↓　聞いて
届く　↓　届いて

※例外は「行く」です。「行いて」ではなく、「行って」になります。

・「ぐ」で終わる動詞は、「いで」にする。

泳ぐ　↓　泳いで

脱ぐ　↓　脱いで

急ぐ　↓　急いで

・「う」「つ」「る」で終わる動詞は、「って」にする。

会う　↓　会って

使う　↓　使って

待つ　↓　待って

立つ　↓　立って

走る　↓　走って

泊まる　↓　泊まって

※例外は「問う」「請う」「乞う」です。それぞれ、「問って」「請って」「乞って」ではなく、「問うて」「請うて」「乞うて」になります。

・「む」「ぶ」「ぬ」で終わる動詞は、「んで」にする。

飲む　→　飲んで
読む　→　読んで
遊ぶ　→　遊んで
喜ぶ　→　喜んで
死ぬ　→　死んで

「あー、バスが行っちゃう。待ってー」と、発車寸前のバスを追いかけるとき——。
「そんなこと、言ってないでしょっ！」と、友だちにけんか腰に言い返すとき——。
「この浮き輪につかまってー」と溺れている人に浮き輪を投げながら——。

こんな切羽詰まった状態であっても、私たちは「待ちてー」「言いてないでしょっ！」「つかまりてー」などと言うことはありません。これは、私たちの頭の中では、いつどんな時でも、右に書いたようなルールが働いているという証拠です。

テ形を歌う

1グループの複雑なルールを、少しでも覚えやすくするために、日本語の初級クラスでは、

「ロンドン橋落ちた」の替え歌

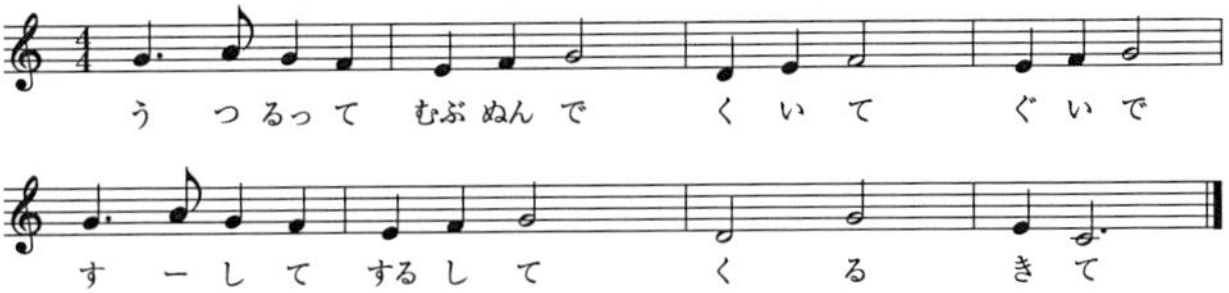

う つるって むぶ ぬんで くいて ぐいで
すーして するして くる きて

「雪山讃歌」の替え歌

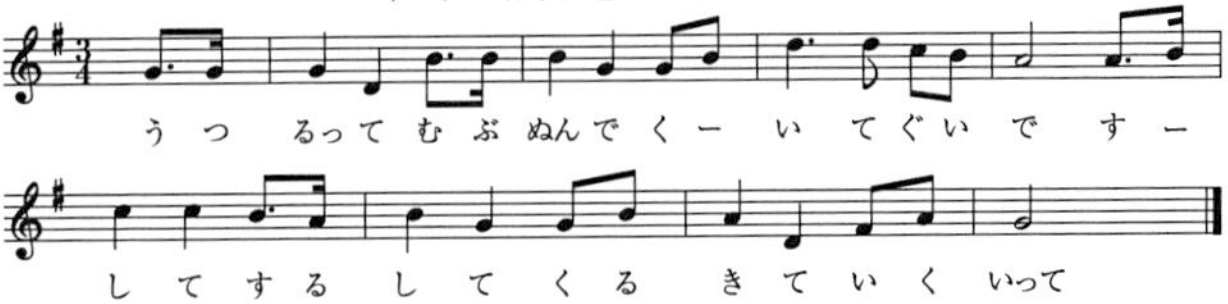

う つ るってむぶぬんでくー いてぐいでする ー
してするしてくる きていくいって

上のような歌を紹介することがあります。

「雪山讃歌」のほうは、最後がやや字余りになりますが、「行く→行って」という例外まで含まれているという長所があります。

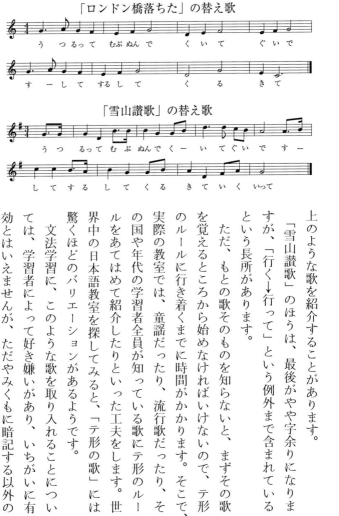

ただ、もとの歌そのものを知らないと、まずその歌を覚えるところから始めなければいけないので、テ形のルールに行き着くまでに時間がかかります。そこで、実際の教室では、童謡だったり、流行歌だったり、その国や年代の学習者全員が知っている歌にテ形のルールをあてはめて紹介したりといった工夫をします。世界中の日本語教室を探してみると、「テ形の歌」には驚くほどのバリエーションがあるようです。

文法学習に、このような歌を取り入れることについては、学習者によって好き嫌いがあり、いちがいに有効とはいえませんが、ただやみくもに暗記する以外の一つの手段として考えられています。学習者によっては、これらのルールを折り込んだ物語を自分で作ったり、好きなメロディーで口ずさんだり、あるいは、ノートに書き写してひたすら覚えたり、自分なりの工夫を凝らしています。ちょうど私たちが、歴史の年号を覚えるために「鳴くよ《七九四》ウグイス、平安京」「いい国《一一九二》作ろう、鎌倉幕府」のような語呂合わせなどを工夫したように。

「活用」から「グループ」を考える

ところで、替え歌を作ったり、物語に折り込んだりして、一生懸命に1グループのルールを覚えたとしても、そもそも、その動詞がどのグループなのかがわからなければ、テ形を正しく作ることはできません。「る」で終わる動詞は、「って」にする」という1グループのルールを、2グループや3グループの動詞に適用させたのでは、「寝って」「来って」というテ形ができてしまいます。その反対に、「最後の「る」を「て」に変える」という2グループのルールを、1グループの動詞に適用させたのでは、「怒て」「見つかて」というテ形ができてしまいます。

私たち日本人が、「五段動詞」「一段動詞」といった動詞のグループを中学校で習ったのは、

「書く→書いて」「見る→見て」という操作が、頭の中ですでにできるようになってからでした（「連用形」「テ形」といった名称は知らなかったと思いますが）。ですから、たとえば「食べる」という動詞がどちらのグループかと聞かれたら、頭の中で「食べ-ない、-ます、-る、……」と活用させ、「語幹（「食べ」）が変化せず、語尾が入れ換わるだけだから、一段動詞（2グループ）」というように、活用を手がかりに動詞のグループを判断することができたのです。

「グループ」から「活用」を考える

しかし、日本語学習者の場合には、これから活用を学ぶわけですから、このような方法は使えません。そこで、活用を手がかりとするのではなく、動詞そのものからグループを見分ける方法が必要になります。

動詞そのものからグループを見分けるには、いくつか段階を踏まなければいけません。まずは、次のルールです。

- 「する」「来る」は、3グループ

これは簡単ですね。この二つの動詞、および、そのバリエーション（「連絡する」「フリーズする」などであれば、3グループだということです。次は、これです。

・「る」以外で終わる動詞は、すべて1グループ

「洗う、動く、話す」のように、「る」以外で終わっていれば、その動詞は、すべて1グループになります。例外はありません。

そして、「る」で終わる残りの動詞は、すべて2グループ」であれば、めでたくバンザイ――なのですが、残念なことに話はそううまくはいきません。「る」で終わる動詞のグループ分けは、学習者をもっとも悩ませるものの一つです。

「る」で終わる動詞については、「る」の一つ前も見なければいけません。そして、次のようなルールがあります。

・「る」の前が「ア段」か「ウ段」か「オ段」の動詞は、1グループ

「ア段」というのは、五十音表の「アカサタナ……」のことです。「ウ段」「オ段」というのも同様に、「ウクスツヌ……」「オコソトノ……」を指します。

「る」の前が「ア段」「ウ段」「オ段」の動詞には、たとえば次のようなものがあります。

傍線を引いた部分が、「ア段」「ウ段」「オ段」の箇所です。

・「る」の前が「ア段」　しかる、わたる、こまる、がんばる、……
「る」の前が「ウ段」　おくる、めくる、もぐる、かぶる、ほうる、……
「る」の前が「オ段」　おこる、こもる、おごる、もどる、……

最後のルールが、これです。

・「る」の前が「イ段」か「エ段」の動詞は、1グループか2グループ

ええっ⁉

せっかくルールを覚えてきたのに、「1グループか2グループ」なんて、そんな無責任な――。「る」の前が「イ段」か「エ段」の動詞に出会ったら、イチかバチかで活用させるしかないのでしょうか。

しかし、「る」の前が「イ段」か「エ段」の動詞を調べてみると、数のうえでは2グループが圧倒的です。1グループの動詞は三〇～五〇語ほどであり、日常的によく使われる動詞は、それほど多くありません。したがって、最後のルールは、次のように理解し、その例外

となる動詞を個別に覚えておくのが現実的です。

・「る」の前が「イ段」か「エ段」の動詞は、2グループ。例外的に、次のような動詞は1グループ。「走る」「蹴る」「入《はい》る」「滑る」「帰る」「しゃべる」「切る」「要《い》る」「知る」「減る」。

なるほど、このように整理をしておけば、「どういう動詞が、「って」になるんですか」といった質問にも、笑顔で答えられるわけです。

2　「正しい文」と「正しくない文」

「○」か「×」かを判断する

次の三つの文を見てください。それぞれの文が、日本語として正しければ「○」、正しくなければ「×」をつけてください。「「イタリア料理店」なんてダサい言い方はダメ」などという理由で、「×」をつけないでくださいね。あくまで、文法的な観点からの判断です。

(1) 銀行の窓口は朝九時で開きます。 [ ]
(2) イタリア料理店でおいしいパスタを食べました。 [ ]
(3) 一緒に英会話を勉強をしませんか。 [ ]

国語辞書で調べたり、誰かと相談したりしなくても、「○」か「×」かの判断は、次のように簡単にできたと思います。

(1) 銀行の窓口は朝九時で開きます。 [×]
(2) イタリア料理店でおいしいパスタを食べました。 [○]
(3) 一緒に英会話を勉強をしませんか。 [×]

「×」の文を直す

今度は、「×」がついた(1)と(3)を、正しい文に直してみてください。次のように、簡単に直すことができたと思います。

(1) 銀行の窓口は朝九時で開きます。
→ 銀行の窓口は朝九時に開きます。
→ 銀行の窓口は朝九時から開きます。
(3) 一緒に英会話を勉強をしませんか。
→ 一緒に英会話の勉強をしませんか。
→ 一緒に英会話を勉強しませんか。

「×」の理由を説明する

では、(1)と(3)がどうして「×」だったのか、その理由を説明してください——こう言われると、ちょっと困ってしまうのではないでしょうか。次のように考えるかもしれません。

(1)「九時で開きます」でも意味はわかるけど、日本語らしくない。「九時に」のほうが収まりがいいと思う。「二〇日に／九月に」とも言うから、時間や日にちには「に」

がつくのかもしれない。あ、でも「九時で閉まります」なら「で」でも大丈夫だ……。

（2）「英会話を勉強を」と「を」が二回繰り返されるのはおかしい。同じ助詞は一つの文で一回ずつしか使えないと思う。あ、でも「日曜日にデパートに買い物に行く」には、「に」が三回も出てくるけど大丈夫だ……。

ある文を見て「○」か「×」かを判断したり、「×」の文を正しく直したりするのに比べると、「×」の理由を説明するのは、それほど簡単ではないようです。

ネイティブだからできること

ある文を見たときに、「自然だな（=［○］）」、あるいは、「なんかおかしいな（=［×］）」と理屈抜きで判断できる能力を、「言語直感(linguistic intuition)」といいます。「言語直感」というのは、その言語の母語話者（ネイティブスピーカー）であれば、誰でももっている言語能力の一つだとされています。

「イタリア料理店でおいしいパスタを食べました」という文を「○」、「銀行の窓口は朝九時で開きます」「一緒に英会話を勉強をしませんか」という文を「×」と判断したのは、この「言語直感」によるものです。

さらに、「朝九時で開きます」を「朝九時に開きます」や「朝九時から開きます」に直せるかどうかという能力（＝誤用訂正能力）も、「言語直感」に関係するものだといわれています。

ネイティブでも簡単にはできないこと

その一方で、「銀行の窓口は朝九時で開きます」「一緒に英会話を勉強をしませんか」という文が「×」の理由を説明するには、「言語直感」とは別の能力が必要だとされています。この能力は、母語話者なら誰でももっているというものではなく、訓練や学習によって身につけることが必要なのです。

よく「日本人だからといって、日本語が上手に教えられるわけではない」といわれます。いままで述べてきたことで、これを言い換えるなら、「日本語を教えるためには、母語話者としてもっている言語直感とは異なる技術や能力が必要とされる」ということになります。

3　「正しいけど、正しくない文」

「○」か「×」か「?」か

では、次の問題です。それぞれの文が、日本語として正しければ「○」、正しくなければ「×」を書いてください。もし判断に迷ったら「?」を書いてください。

(1)〈訪問先で手みやげのケーキの箱を差し出しながら〉
「これ、お口にあうかどうかわかりませんが……」　［　］

(2)〈訪問先で手みやげのケーキの箱を差し出しながら〉
「これは高くておいしいケーキです。あなたにあげます」　［　］

(3)〈職場で上司に向かって〉
「あなたに明日で企画会議が出てつもりますか?」　［　］

(4)〈職場で上司に向かって〉
「あなたも明日の企画会議に出るつもりですか?」　［　］

次のようになったと思います。

（1）「これ、お口にあうかどうかわかりませんが……」【○】
（2）「これは高くておいしいケーキです。あなたにあげます」【?】
（3）「あなたに明日で企画会議が出てつもりますか?」【×】
（4）「あなたも明日の企画会議に出るつもりですか?」【?】

「○」がつけられない理由

ここにあらわれた「○」「×」「?」は、私たちの言語直感による判断をあらわしています。順に検討してみましょう。

（1）が「○」というのは、すぐに納得できると思います。もしかしたら、「私は「お口にあうかどうかわかりませんが……」とは言わない」と思う人もいるかもしれませんが、個人的にどのような言い方を好むかは別にして、世の中にこのような表現を使う人、好む人がいることに異論はないでしょう。また、誰かにこう言われて「失礼な言い方だ」と怒る人もいません。

これに対して、(2)のように言われたら、たとえどんなに丁寧な物腰であっても「カチン！」ときます。(2)には、文法的な誤りはどこにも見あたりませんので、「×」をつけるのは憚られますが、ふつうの社会生活において、こう言いながら手みやげを差し出すことはありません。

(3)には、文法的な誤りがたくさんありますので、「×」になります。

(4)はどうでしょう。(2)と同様、文法的な誤りはどこにも見あたりませんが、もし職場で上司に向かってこんな言い方をしたら……。そのあとどうなるかは、想像するのも恐ろしいですね。

「?」の理由

さて、ここでは「×」と「?」がついた(2)(3)(4)を問題にしたいと思います。この三つに

あなたも
明日の
企画会議に
出るつもり
ですか？
カチン…
部長

「○」がつかなかったのは、皆さんの言語直感で、どこか「ひっかかり」を覚えたからです。このうち(3)は、日本語としてまったく正しい形をとっていないので、「×」がついたのは当然です。しかし、「?」がついた二つは、「そんな言い方、失礼でしょう?」(=(2))、「そんな言い方したら、あとで大変なことになるよ」(=(4))といった理由で「?」になったのだと思います。

でも、たとえば、明日付けで退職することになっていて、最後の最後に気に入らない上司にけんかを売りたいのであれば、(4)のようなセリフは効果的です。つまり、ここで「?」がついた文は、「失礼にあたる」とか「使う状況が思い浮かばない」というだけであって、形のうえでは正しい日本語といえるのです。

「×」がついた(3)のように、形として正しくないものを、「文法的ではない文」とか「非文法的な文」などといいます。これに対して、「?」がついた(2)(4)のような、形は正しいけれども「失礼にあたる」とか「使う状況が思い浮かばない」といった文は、「文法的であるが、容認可能性が低い文」といいます。

「文法性」と「容認可能性」

学習者の日本語には、「?」や「×」の文がたくさんあらわれます。

宿題を差し出しながら「先生、私の宿題をチェックしたいですか」(=「?」)と言われたり、授業が終わって教室を出ていくときに「明日は休みですから、たくさん寝ますたいです」(=「×」)と言われたり……といった具合です。

このような学習者に対して、「その言い方は違います」と指摘するだけでは十分ではありません。なぜなら、「×」の文は、日本語の形として正しくないのですが、「?」の文は、形としては正しいが、使い方として適切ではないからです。

言語学的にいうと、「×」かどうかは「文法性(grammaticality)」の問題なので、正しくない理由を文法的に説明する必要があります。「?」かどうかは「容認可能性(acceptability)」の問題なので、形としては正しいことを踏まえたうえで、それが使える状況とそうでない状況とを説明する必要があります。

「なんだかおかしい文」に出会ったら、まずそれが「文法性」に関わるおかしさ(=「×」)なのか、それとも、「容認可能性」に関わるおかしさ(=「?」)なのかを見極めることが大切です。「文法性」と「容認可能性」は、学習者の質問や誤用を考えるキーワードともいえる、きわめて重要な概念なのです。

三　「そうですねえー、北京です」

――文法は日々作られる

学習者が日本語を学ぶのは、教室の中だけではありません。

コンビニのレジで店員に言われたことば、日本人の友だちが何気なく使った表現、駅やデパートで流れているアナウンス、街で見かけた看板や表示。目や耳にするすべての日本語が、日本語学習のきっかけとなります。

海外に住んでいても、日本語のテレビドラマやアニメを見られる環境は、以前よりずっと整ってきましたし、インターネットを利用すれば、世界中のどこからでも、日本語のサイトにあっという間にアクセスすることができます。

こうした「周囲にある日本語」をリソース（素材）として取り込みながら、日本語学習者は「自分だけの文法」を作り出していきます。

この章では、学習者によって作り出された「自分だけの文法」を見ていきます。

1 「そうですねえー、北京です」

会話授業の面接で

もうすぐ新学期が始まるという、ある日のことです。会話授業のクラス分けをするために、面接を行いました。担当教師が学生を一人ずつ呼び、一対一で日本語で話をします。

学生「失礼します」(と言いながら、教室に入ってくる)
教師「はい、どうぞ。こちらにお座りください」
学生「あ、すみません」(と軽く会釈して、椅子に腰かける)
教師「ええと、お名前は?」
学生「カクと申します。中国からまいりました」
教師「あ、中国のカク・シューエンさんですね」(と、受講生の名簿を確認する)
学生「はい。そうです。よろしくお願いします」

——といった具合です。

こちらの質問もきちんと聞き取れますし、文法にも大きな間違いはない。発音にも目立った癖はなく、とてもなめらかな日本語です。この学生は中級クラスかな。そんなことを考えながら、面接が始まりました。
　ところが、そのあとに続いたのは、次のようなやりとりでした。
　教師「カクさん、ご出身は中国のどちらですか」
　学生「そうですねえー、北京です」
　教師「えっ？」（……って、いま考えたの？）

「北京です」ときちんと答えていますから、こちらの質問は理解できたようです。それにしても、自分の出身地を答えるのに、「そうですねえー」とは、いったいどういうことでしょう。自分がどこで生まれたのか、うっかり忘れてしまったのでしょうか。それとも、日によって出身地が変わるとでもいうのでしょうか。
　それまでのやりとりが、実にスムーズだっただけに、どうしてこうなったのか戸惑いました。このような状況で「そうですねえー、北京です」と言われると、北京出身であることが、まるでその場の思いつきのように聞こえてしまいます。

「そうですねえー」

「そうですねえー」というのは、「言いよどみ表現」と呼ばれるものの一つです。たとえば次のように使われます。

〈宅配便営業所のカウンターで〉

「この荷物を送りたいんですけど、ちょうどいい段ボール箱、あります?」

「そうですねえー（と荷物の大きさを見ながら）、このLサイズぐらいはどうでしょう」

〈就職試験の面接で〉

「ご自分の短所はどんなところだと思いますか」

「そうですねえー、一つのことに熱中すると時間を忘れて、それを続けてしまうことがあります」

〈喫茶店で女性二人がメニューを見ながら〉

「何にする?」

「そうねえー、（メニューを指差して）このケーキセットにしようかな」

〈会社の昼休みに同僚二人が〉
「この週末に紅葉を見るんだったら、どこがお薦めかな」
「そうだねえー、いまの時期だったら、箱根なんかいいんじゃないかな」

このような状況で使われる「そうですねえー」（およびそのバリエーションとしての「そうねえー」「そうだねえー」）は、とても自然に聞こえます。

では、会話授業の面接での「そうですねえー、北京です」は、どうして不自然に聞こえたのでしょうか。

意見を述べるとき、事実を答えるとき

「そうですねえー」という言いよどみには、「自分の意見や判断などを述べるときに使う」という制限があります。

右で見た「そうですねえー」のすぐ後ろに続いていたのは、どれも「段ボール箱のサイズ」「自分の短所」「注文したいメニュー」「紅葉のお薦めポイント」といったように、話し手の意見や判断でした。

これに対して、会話授業の面接での「そうですねえー」のすぐ後ろに続いていたのは、「(出身地は)北京です」という単なる事実でした。そこには、話し手の意見や判断といったものは、一切含まれていません。会話授業の面接での「そうですねえー、北京です」が不自然に聞こえたのには、こういう理由があります。

たしかに、次の例を見ても、単なる事実を答える場合に「そうですねえー」を使うと、どうにも奇妙に聞こえます。

〈デパートで商品の発送を頼んで〉
「ご自宅のお電話番号、よろしいでしょうか」
「そうですねえー、03の1234の5678です」

〈合コンの自己紹介で〉
「血液型、なに？」
「そうねえー、B型」

〈団体旅行の添乗員が参加者に向かって〉

「こちら、昼食会場に忘れてあった傘なんですが、どなたのでしょうか」

「そうですねえー、私のです」

なるほど、「そうですねえー」という言いよどみは、事実を答える発話とは相性が悪いようです。では、「事実を答えるときには使えない」「自分の意見や判断を述べるときに使う」と説明すれば、それで十分でしょうか。

次の例を見てください。「そうですねえー」の後ろには、「応募の動機」や「会費の値上げの理由」といったように、自分の意見や判断が続いています。それにもかかわらず、どちらも不自然に聞こえます。

〈就職の面接試験で〉

「応募の動機をお話しください」

「そうですねえー、御社の経営方針に共感しました」

〈テニス同好会の幹部会議で〉

「次の議題は、会費の値上げだね。会計担当の人、ちょっと理由を説明してくれる?」

「そうだねえー、来年度もいまと同じ会員数だとすると、同じ活動をしていくと赤字になるんだよね」

このように考えると、どうやら「そうですねえー」には、「事実を答えるときには使えず、自分の意見や判断を述べるときに使う」という以上の制限がありそうです。

考えているサイン

実は「そうですねえー」には、「いま、考えている最中であることを示す」という機能があります。つまり、いくら自分の意見や判断であっても、「そうですねえー」を使うと、「たったいま、考えた意見や判断です」というサインになってしまうのです。

就職の面接試験であれば、応募の動機を聞かれることぐらい予想できるはずですから、事前に自分なりのことばで、まとめておくのがふつうでしょう。そのため、応募者が「そうですねえー」と言いながら、応募の動機を話し始めると、まるでその場での思いつきを答えているようで、「準備不足」「ふまじめ」といった印象を与えるのです。

同好会の幹部会議に「会費の値上げ」を提案するには、それなりの理由があるはずです。

幹部会議の前に、当然、それを検討したからこその提案なのでしょう。しかし、その説明を会議で求められて「そうだねえー」で話し始めたのでは、「事前に検討もせず、理由もないのに提案したの?」と受け取られても仕方がありません。

面接試験での「そうですねえー、北京です」というカクさんの答えが、不自然に聞こえただけでなく、「自分がどこで生まれたのかうっかり忘れてしまったのだろうか」「日によって出身地が変わるのだろうか」という印象を与えたのも、「そうですねえー」がもっている「いま、考えている最中であることを示す」という機能のしわざなのです。

「「です」があるから丁寧です」

さて、このエピソードには、後日談があります。

「そうですねえー、北京です」と答えたカクさんは、私が担当する中級会話のクラスに入ることになりました。面接でのやりとりがずっと頭に残っていた私は、ある日、どうして「そうですねえー」と言ったのか、カクさんに尋ねてみることにしました。

すると、彼女は次のようなことを話してくれました。

自然な日本語を使えるようになるためには、教科書の日本語だけではなく、ふつうの日本人が実際に使っている日本語に、たくさん触れることが大事だと思う。だから、時間があるときは、日本語のテレビをいつも見ている。

テレビで、街頭インタビューなどの場面を見ていると、ほとんどの日本人は、マイクを差し出されてもすぐに答えず、たいてい「そうですねえー」とか「えーと」とか「あのー」などと、まず言って時間をおく。それから、自分の意見を言う。

日本語の授業では、先生に質問されたら、すぐに答えを言わなければいけない。でも、実際には、何か質問されたときには、何かことばを挟んで、一呼吸おいてから答えることが多い。これが、本当の日本語なのだと思う。だから、会話授業の面接でも、ただ「北京です」と答えるのではなく、その前に「そうですねえー」などのことばを挟むようにした。

なるほど！

「そうですねえー」の裏側には、「自然な日本語を使いたい」というカクさんなりの気持ちが込められていたのです。しかし、日本語の言いよどみは、「そうですねえー」だけではありません。カクさん自身も言っているように、次のようなものもあります。

〈映画館の中で〉

「あのー、すみません、そこ一つ詰めてもらってもいいですか」

「あ、えと、ここ来るんです。すみません」

〈オフィスで〉

「次の打ち合わせ、何時からだったたっけ?」

(手帳を繰りながら)「えーと、四時半だったと思いますよ」

〈授業が終わった教室で〉

「今日、どうして遅れたの?」

「えーと、あのー、乗ってた地下鉄が事故で遅れて、乗り継ぎがうまくいかなくて……」

そこでさらに、どうして面接試験で「えーと」や「あのー」ではなく、「そうですねえー」を使ったのかを尋ねてみました。すると、カクさんから返ってきたのは、次のような答えでした。

「そうですねえー」は「です」が入っているから、「あのー」や「えーと」より丁寧だと思う。面接試験は、教室で先生と話すから、敬語とか丁寧な表現を使わなければいけない。だから、「あのー」や「えーと」は失礼になると思って、「そうですねえー」を使った。

なるほど!!

カクさんは、ただやみくもに「そうですねえー」を使っていたわけではなかったのです。たまたま今回は、間違ってしまったけれど、「あのー」「えーと」と「そうですねえー」の使い分けには、なるほどもっともなカクさんなりのルール(=文法)があったというわけです。

てみてください。

2 「よろしくお願いします」

買い物にでかけた繁華街で、誰かに「こんにちはー」と話しかけられた状況を想像してみてください。

もし話しかけてきたのが知人なら、とくに不思議に思うこともなく、「こんにちはー」「久しぶりー」「そっちも買い物？」などと、自然に話が始まるでしょう。

しかし、話しかけてきたのが、まったく知らない人だったらどうでしょうか。「こんにちはー」と笑顔で言われれば言われるほど、「セールスかな」「何かの勧誘かな」などと考え、一瞬、身構えてしまいます。まさかその後に、「〇〇デパートに行きたいんですが、どっちでしょう」「お財布、落とされましたよ」といった内容が続くとは、思いもしないからです。

逆にいえば、「誰かに道を聞きたいとき」や「前を歩く人が落とした財布を拾ってあげたとき」に、「こんにちはー」と話を切り出すと、不審に思われる可能性が高いということです。

誰かに道を聞くのであれば、「あのー」「すみません」、財布を拾ってあげたのなら「あのー」「ちょっと」など、その後に続く内容にふさわしい切り出し方というものがあります。

話を切り出したり、切り上げたりするときにどう言うか。そこで使われる表現は、どれも言語構造としては簡単なものばかりですが、「いつ・どれを使うか」という判断には、実はかなり高度な能力が必要とされます。

ここでは、話を切り上げるときに使われる「よろしくお願いします」を例に、「学習者の文法」を見ていきます。

「皆さん、どうぞよろしくお願いします」

半年間にわたる集中日本語コースが終わり、修了式と祝賀パーティーが行われました。その日、修了証を手にした十数名ほどの留学生は、半年前にまったく日本語がわからない状態で来日し、ひらがな・かたかなから、日本語の勉強を始めました。一日六時間、週五日間というハードなスケジュールの甲斐もあり、ほぼ全員が、日常生活に不自由しない程度に日本語が使えるようになりました。

その日の祝賀パーティーには、そんな留学生たちの旅立ちを祝うために、日本語教員、クラブ活動を通じて仲良くなった日本人学生、ホームステイでお世話になった日本人ホストファミリーなど、たくさんの人たちが集まりました。十数名の留学生は、来月からそれぞれ別々の大学に進学し、専門分野の研究を始めます。その専門分野は、電子工学、獣医学、水産学、農業経済、文化人類学、……とさまざまです。接点がまったくない分野も多く、今日を最後に、このさき、一生会うことのない人もいるでしょう。

半年間の苦楽を共にした仲間との別れを惜しみつつ、なごやかな雰囲気の中でパーティーは進みます。パーティーの最後に、修了生代表の留学生が、日本語でスピーチをすることになりました。

まったく日本語がわからない状態で来日し、不安でいっぱいだったこと。

初めて漢字を見たときは、とても文字には見えず、マッチ棒がバラバラに落ちているとしか思えなかったこと。

ホームシックになり、何度も国の家族に国際電話をかけたこと。

そんなときに支えてくれたのが、日本人の友だちだったこと。

たどたどしくはありますが、きちんと伝わる日本語で、半年間の思い出や周囲の人々への感謝の気持ちが語られました。もしかしたら、今日が最後の別れになるかもしれないという思いもあり、パーティーに集まった人々も、胸をいっぱいにしてスピーチに聞き入りました。ところが、スピーチの締めくくりは、次のようなことばでした。

ほんとうに先生がた、事務室のスタッフの皆さん、ホストファミリーの皆さん、ありがとうございました。

皆さん、どうぞよろしくお願いします。

今日が最後の別れになるかもしれない。そのような状況での「どうぞよろしくお願いします」。なんだか違和感を覚えます。

「では、よろしくお願いします」

ある日、ギリシャで日本語を学んでいるという大学生から、電子メールが届きました。「日本への留学を希望している。ついては、指導教員を引き受けてもらえないか」といった内容の、とても流暢な日本語で書かれたメールです。

しかし、どうも研究テーマが私の専門とはややずれているようです。そこで、申し訳ないが、指導は引き受けられない。もっと適任の先生がいると思うので探してみたらどうか、と

From: xxxxxx@xxx.xxx.xxx.gr
To: KobayashiMina@xxx.xxx.xxx.ac.jp
Subject: Re: 留学についての問合せ

小林先生、早速のご返事ありがとうございました。
ご事情がよくわかりました。ご丁寧な対応に感謝します。
ほかの先生を探してみます。
では、よろしくお願いいたします。

いった断りの返事を出しました。

数日後、その大学生から、さらに返事が届きました。上にあげたものが、そのメールです。

断ったつもりだったのに、それが通じなかったのだろうか……。相手の理解に一抹の不安を覚えました。しかし、それきり何も連絡がこないので、どうやらこちらの意図は伝わっていたようです。

「ほかの先生を紹介する」という返事をしたのならともかく、「ほかの先生を探してみたらどうか」に対する「では、よろしくお願いいたします」。これも、どうにもすわりが悪く感じます。

「あと、よろしく」

日本語の授業が終わり、学生たちが「先生、さよなら」「ありがとうございました」「また来週」などと口々に言いながら、ゾロゾロと教室を出ていきます。そのうちの一人の学生が「あと、よろしくお願いしまーす」と言って、教室を出ようとしました。インドネシアから来た、工学部の留学生です。「あと、よろしくお願いします」？

すぐさま後を追いかけ、「どうして、いま「あと、よろしく」って言ったの？」と尋ねました。返ってきたのは、次のような答えでした。

ふだん、ずっと研究室で一日を過ごしている。そこには、いつも十数名の大学院生がいる。何時までいなければいけないという規則はないので、自分の実験や勉強にあわせて、都合が良い時刻にそれぞれ自宅に帰る。

誰かが帰るとき、あるいは、自分がさきに帰るとき、それまでは「さようなら」を使っていた。でも、周りの日本人がどう言うかを観察してみると、帰るときは「あと、よろしく」と言う人が多い。これは、さきに帰る人が使うあいさつだと思った。見送る人が何と言っているかは、まだよくわからない。

今日の日本語授業は、先生よりさきに教室を出るので、このあいさつが使えると思った。でも、先生に言うので「お願いします」をつけて丁寧な言い方にした。

なるほど！

さきに帰る人は、「あと、よろしく」と言うが、見送る人は使わないようだ。実に鋭い観察です。また、先生に使う場合は、「お願いします」をつけ加える。これも適切な配慮です。でも、授業が終わって教室を出るときの「あと、よろしくお願いします」は、どうにもしっくりきません。

いつでも、どこでも「よろしく」？

「どうぞよろしく」「よろしくお願いします」といった表現は、頻繁に使われるにもかかわらず、核となる意味があるようにも、ないようにも思えます。改めて、「いつ」「どこで」使うのかを考えてみても、なかなかすぐには答えが出せません。

多くの日本語教科書では、自己紹介の場面で「よろしくお願いします」が提示され、次のように意味が説明されます。

はじめまして。
How do you do?

どうぞ　よろしく。
Nice to meet you.

（坂野永理，大野裕，坂根庸子，品川恭子『初級日本語　げんきⅠ』The Japan Times p. 7，下線筆者）

ささき：たかはしさん、こちらは　スミスさんです。
　　　　スミスさんは　ＡＢＣフーズの　べんごしです。
スミス：はじめまして。スミスです。よろしく　おねがいします。

たかはし：はじめまして。のぞみデパートの　たかはしです。
　　　　　よろしく　おねがいします。

Sasaki : Mr. Takahashi, this is Mr. Smith. Mr. Smith is an attorney with ABC Foods.

Smith : How do you do. My name is Smith. Pleased to meet you.

Takahashi : How do you do. I'm Takahashi from Nozomi Department Store. Pleased to meet you.

NOTES 5　よろしく　おねがいします。

紹介されたときの「よろしく　おねがいします。」という表現は、普通「はじめまして」と一緒に使われます。また、人に何かを依頼した後に、その場を去るときにも使われます。「よろしく」というのは、「よく(well)」という意味ですが、将来において好意的に対応してほしいという依頼でもあります。（和訳筆者）

（社団法人国際日本語普及協会『Japanese for Busy People I (Revised 3rd Edition)』講談社インターナショナル、三-四頁、傍線・下線筆者）

また、電子メールの書き方を学ぶ日本語教科書には、次のような説明が見られます。

ビジネスメールのむすび
Ending of business mail
〔着任のあいさつなどに〕
今後とも、よろしくご指導のほど、お願い申しあげます。
（中略）
〔その他、一般的なビジネスメールで〕
とり急ぎ、用件のみにて失礼いたします。
メールのみにて失礼いたします。
では、よろしくお願いいたします。

（簗晶子、大木理恵、小松由佳『日本語Eメールの書き方』The Japan Times、一二五頁、傍線筆者）

この説明は、日本人ビジネス関係者向けの解説書とも共通します。

●締めの挨拶文

メールを締めくくる簡潔な挨拶です。本題の内容に応じて付け添える言葉を変化させますが、「よろしくお願いします」で締めくくるのが最も一般的です。（以下、略）

（シーズ『ビジネスメールものの言い方文例辞典』技術評論社、一八八頁）

このように、「どうぞよろしく」「よろしくお願いします」といった表現は、「初対面のあいさつ」「何かを依頼した後の別れ際のあいさつ」「ビジネスメールの一般的な末文」など、さまざまに使われます。さまざまな場面で使われるからといっても、万能なあいさつ表現というのでもありません。日本語教科書の説明に「将来において好意的に対応してほしい」とあったように、具体的に何かを頼んだのではなくても、将来においても、何らかの接点があることが前提になります。その前提がまったくない状況で使われると、これまで見てきたように、どうにもしっくりこない印象を受けるのです。

このように「よろしくお願いします」は、万能なようで、実は秘かな前提が必要とされる表現の一つなのです。

3 「中国から来ました」

大雪が降った冬の日のことです。中国人留学生と、キャンパスの外で待ち合わせをしました。とある研究会で通訳の仕事をしてもらうためです。

当日の天気が心配でしたので、研究会の会場にほど近いビルのロビーで待ち合わせることにしました。そのビルは、地下鉄の駅と地下でつながっているので、どんなに大雪が降っても、快適に来ることができます。

待ち合わせ時刻より少々早めにロビーについた私は、降りしきる雪をエントランスのガラス越しに眺めながら「ここで待ち合わせにして正解だった」とほっとしていました。しばらくたって、留学生がやってきました。

「どこから来たの？」

ところが、待ち合わせ場所にあらわれたその学生は、帽子もコートも鞄も靴も、とにかく全身雪で真っ白で、まるで猛吹雪の中を、傘もささずに長いこと歩いてきたかのようでした。

その姿を見て驚いた私は、彼女の頭や肩に積もった雪を手で払いながら、思わずこう尋ねました。

「すっごい雪。どこから来たの？」

すると、その留学生から返ってきた答えは、次のようなものでした。

「中国から来ました」

まさか、そういう答えが返ってくるとは——。

心の中で「いや、出身地じゃなくて、いまどこから来たのかを聞いてるんだけど……」と思いながらも、「そこの地下鉄の駅から来たんじゃないの？」と、改めて聞き直しました。するとその学生は、「用事があって友人の家に行っていたので、そこから歩いてきた。もっと近いと思っていたのに、地下鉄で二駅分ぐらいの距離があり、かれこれ三〇分近くも歩くことになってしまった。こんなことなら、地下鉄で来れば良かった」といった内容を、流暢な日本語で説明してくれました。

どうして「中国から来ました」と答えたのでしょうか。「どこから来たの？」という質問が聞き取れなかったのでしょうか。いいえ、通訳ができるほど日本語が上手な彼女に限って、そんなはずはありません。

第1課　初めて会った人と

スミス：はじめまして。
田中　：はじめまして。
スミス：リサ・スミスと申します。アメリカから来ました。
　　　　どうぞよろしく。
田中　：田中です。どうぞよろしく。

どうしてこのような勘違いが起こったのでしょうか。

教科書の第一課

日本語教科書の第一課には、よく上のようなモデル会話が載っています。

「初対面の日本人に自己紹介する」というのは、誰にとっても、身近で必要性が高い場面だからでしょう。

そして、日本語の授業では、「リサ・スミス」を自分の名前に、「アメリカ」を自分の国や出身地に置き換えて、自己紹介の会話を練習します。

そのような会話練習を通じて、学習者は次のような文法をくみとります。

初めて会ったときの日本語のあいさつは、「はじめまして」である。

名前を言うときは、「〜と申します」「〜です」と言う。
出身地(国)を言うときは「アメリカと申します」「アメリカです」ではなく、「〜から来ました」という文型を使う。

教科書の第一課を学ぶ時期は、現実でも、教師や学生同士がお互いの名前や国を知らないことが多いものです。そのため、このような自己紹介のモデル会話が、実感を伴ったやりとりとして受け入れられやすく、会話練習もスムーズに運ぶのでしょう。

そして、教室の中でこのような会話練習を繰り返すことによって、教室の外で出会った人たちに自己紹介ができるようになるわけです。

出身地を言うときは……

さて、ここでは「〜から来ました」という文型について考えてみたいと思います。

自己紹介や雑談の中で、自分の出身地を伝えたいとき、私たちはどのような表現を使っているでしょうか(「　」には、ご自分の出身地を入れてみてください)。

［　地名　］出身です。
出身は［　地名　］です。
［　地名　］生まれです。
生まれたのは［　地名　］です。
生まれも育ちも［　地名　］です。
［　地名　］で生まれたんですが、幼稚園に入るときに……。
三歳まで［　地名　］にいて、そのあとは父の転勤で……。
生まれたのは母の実家がある［　地名　］なんですが、そこにいたのは、ほんの一カ月ぐらいで……。

もちろん、状況によって使えるものとそうでないものがありますが、ちょっと考えただけでも、これだけの表現が出てきます。このほかにも、まだまだたくさんありそうです。

そして、このようなさまざまな表現の中から、時と場合に応じて適切なものを選び出し、出身地を伝えているわけです。

「～から来ました」

では、「～から来ました」が使えるのは、いったいどのような状況でしょうか。次の文の［　］にご自分の出身地を入れ、状況を考えてみてください。

［　地名　］から来ました。

たとえば、熊本で生まれて以来、ずっと熊本に住んでいた山田さんが、進学や転勤などで仙台に引っ越した場合、新しい友人や同僚に自己紹介をするときには、この文は使えそうです。こんな具合です。

［熊本］から来ました、山田です。［熊本］っていうと、馬刺しや米焼酎が有名だと思いますが、ええと、……。

［熊本］から来ました、山田と申します。初めて［熊本］を離れて不安もありますが、早く慣れるように……。

ところが、山田さんがさらに次の転勤で仙台から東京に引っ越したとすると、この自己紹介は使えません。「熊本から来ました、山田です」と言ったのでは、東京に来る直前には、熊本に住んでいたことになってしまうからです。

東京で自己紹介する場合には、次のように言わなければなりません。

［仙台］から来ました、山田です。もともと出身は［熊本］です。［熊本］っていうと、馬刺しや米焼酎が有名だと思いますが、ええと、……。

このことからわかるのは、「〜から来ました」というのは、出身地専用の文型ではなく、「移動する前にいた場所」をあらわす文型だということです。

アメリカから来たのはいつ？

ここで、もう一度、日本語教科書のモデル会話に戻ってみましょう。

第一課　初めて会った人と

スミス　はじめまして。

田中　はじめまして。

スミス　リサ・スミスと申します。アメリカから来ました。どうぞよろしく。
田中　田中です。どうぞよろしく。

リサ・スミスさんが、アメリカから日本に来たのは、いつでしょうか。昨日なのか、先月なのか、具体的な月日はわかりませんが、少なくとも「最近」であるように感じませんか。たとえば、子どものときに日本に来て、そのまま日本で育って就職し、ずっと仕事を続けているような場合には、いくら日本に来る前にアメリカにいたとしても、「アメリカから来ました」と言われると違和感があります。言い換えれば、「〜から来ました」と自己紹介をされたら、聞いたほうは「来たばかりなんだな」と思うということです。

モデル会話の背後にあるもの

これまで述べてきたことからわかるのは、「〜から来ました」という文型で、出身地を述べることができるのは、次の二つの条件が揃ったときだということです。

条件一　そこに来る前は[出身地]にいた。

条件二　［出身地］から来たばかりである。

前にお話ししたように、教科書の第一課を学ぶのは、ほとんど新学期が始まってすぐの時期です。多くの学生が日本に来たばかりで、来日する直前には自分の国（出身地）にいた人が多いのでしょう。そのため、「～から来ました」という文型で互いに出身地を言っても、違和感がないのだと思います。

しかし、「～から来ました」で出身地を述べるには、右の二つの条件が揃っていなければいけません。モデル会話の背後に隠されたこのような条件に気がつかないと、「「～から来ました」は出身地専用の表現」といった誤った文法を、知らないうちに学習者が身につけている可能性があります。

「すっごい雪。どこから来たの？」という質問に、「中国から来ました」と答えてしまったのは、まさにこの例。教科書のモデル会話にさえも、誤用を生みだすきっかけが潜んでいるのです。

4　自分だけの文法

この章では、学習者が作り出した「自分だけの文法」を見てきました。学習者が作り出す「自分だけの文法」には、思わず笑ってしまうような誤用も、時には見られます。しかし、一見、笑ってしまうような、見当違いに感じられる誤用であっても、そこに行き着いた過程を探ってみると、なるほどもっともな理由に裏づけられているケースが多々あることがわかります。

それと同時にわかるのは、「言語を学ぶ」という行為は、教科書のモデル会話や授業での説明を丸暗記するだけの受動的な営みではなく、周囲の日本語を取り込みながら、自分の中でさまざまなルール(＝文法)を構築していく、能動的な営みであるということです。

これから、もし外国人の誤用を耳にする機会があったら、「そんな言い方しないよ！」「あの日本語、おかしい(クスッ)」と片づけるのではなく、「どうしてそう言ったのだろう」「何が原因だろう」と、誤用の背後にある「学習者のルール」を想像してみてください。きっと、思わぬルールが見つかるはずです。

四　「先生、どうですか」——日本語にもお国柄

学習者の日本語には、さまざまな誤用があらわれます。たとえば、次のようなものです。

・「どこに住んでいるんですか」
「大学のそばで（↓に）、住んでいます」

・「日本語の勉強は、難しいですか」
「そんなに難しいじゃないです（↓難しくないです）」

・「富士山に登ったことがありますか」
「いえ、ことが（↓登ったことが）ありません」

助詞を混同したり、形容詞の否定形が作れなかったり、省略する単位を間違えてしまったり——。

このような誤用は、ほとんどすべての日本語学習者に見られます。その一方で、学習者の日本語の中には、一部の学習者だけに特徴的に見られるものもあります。

この章では、その中でも、とくに学習者の母語の影響を受けた日本語をとりあげ、その背景を考えます。

1 「先生、どうですか」

大学のキャンパスで

大学のキャンパスを歩いていると、学生から声をかけられました。何年か前に初級のクラスで教えた、南米ペルーからの留学生です。

「せんせーい、どうですか」

と、道の向こうからにこやかに手を振るパウロさん。

「あ、パウロさん。久しぶりですね」

と、こちらも手を振って、答えはしたものの――。

「どうですか」？

久しぶりに会ったパウロさんが、「元気かどうか」と気遣ってくれている気持ちは、十分に伝わってきます。しかし、このような状況で「どうですか」というあいさつは、どうもしっくりきません。

¿Qué tal?

ペルーから来たパウロさんの母語は、スペイン語。「どうですか」をスペイン語にすると、

¿Qué tal?

になります。これは、「お元気ですか」といった意味で、スペイン語では、人に出会ったときのあいさつとして使われます。英語の **How are you?** と似ています。

一方、日本語の「どうですか」は、このようなあいさつとしては使われません。「どうですか」が自然に使われるのは、たとえば、次のような状況です。

〈入院している知人を見舞いに行き〉

「田中さん、どうですか」

「あ、来てくれたんですか。わざわざすみません」

〈入社して半月ほど経った新入社員にエレベーターで乗り合わせた人事担当者が〉
「鈴木さん、おはよう。どうですか」
「あ、おはようございます。はい、おかげさまで、どうにかやっています」

日本語の「どうですか」は、単に出会ったときのあいさつとしては使うことができず、その相手が「ふつうでない状況や大変な状況」にあるとき、言い換えれば「相手のことを心配したり、気遣ったりすることが当然であるような状況」でなければ使えません。スペイン語の ¿Qué tal? より、使える範囲が狭いのです。

なお、スペイン語の ¿Qué tal? も、単なるあいさつではなく、たとえば試験などを学生が受けているときに、先生が見回りながら「どうだね、できているかね」などと尋ねる場合にも使われるとのことです（酒井清夏氏（早稲田大学大学院生・当時）からの私的コメント）。

パウロさんは、日本語の「どうですか」も、¿Qué tal? と同じように使えると思ったのでしょう。「先生、どうですか」というあいさつには、母語であるスペイン語が影響しているようです。

2 「お金、ありますか」

これも、スペイン語を母語とする学習者のエピソードです。南米のホンジュラスから来たリリアニさんが、ある日、こんなことを言ってきました。かなり真剣な表情で、少し怒っているような口調です。

日本人は、よくお金の話をします。先生も、日本語の授業で必ずお金の話をしますね。あれは日本人の習慣ですか、それとも単なるあいさつですか。

何のことだか、最初はまったくわからず、どう答えてよいのか戸惑いました。

「日本人は、よくお金の話をします」

「日本人は、よくお金の話をします」――。

たしかに、親しい人同士、とくに女性同士では、「あ、それかわいい。どこで買ったの」「それ、いくらだった。私もそういうの、ほしいな」といったように、互いの持ち物の値段を聞いたり、ショッピングについて情報交換をしたり、といった会話をすることが、よくあります。値段を聞かれたほうも、とくに何を気にするふうでもなく「かわいいでしょ。いくらだと思う？」「三五〇〇円。もっと高そうに見えるでしょう？」などと、気軽に答えます。

リリアニさんも、日本人の友だちからそのような質問攻めにあい、それを不愉快に思っているのでしょうか。

「習慣ですか、あいさつですか」

「先生も、日本語の授業で必ずお金の話をしますね」——。

そう言われたので、自分自身の日本語授業を振り返ってみました。

授業で示す例文に、お金に絡んだ話題が多かったのだろうか。

会話練習の場面設定が、デパートとかコンビニに偏っていたのだろうか。

たしかに、心当たりがまったくないとはいえません。それにしても、「必ず」とまで言われるほどではありません。まして、「あれは日本人の習慣ですか、それとも単なるあいさつですか」となると、いったい何のことやら、さっぱりわかりません。

ただ、教師が授業中に、無意識に行っていることや話していることについて、もし学生が不愉快に思ったり、何らかの誤解をしたりしているとしたら大問題。そこで「どういうこと?」「お金の話って、たとえば?」「「必ず」って、本当に「必ず」?」と、さらにつっこんで聞いてみました。

すると、なんと驚くべきことがわかりました。

「他にありますか」

日本語の授業が終わるとき、私はいつも学生に「質問、ありますか」と尋ねます。もちろん、「ありませーん」と言われて、すぐに終わることもありますが、たいてい誰かから質問が出ます。質問が出れば、その場で簡単に答えます。

そして、さらに「他にありますか」と尋ねます。新しい質問が出れば答えますし、そうでなければ、教室をぐるぐるっと見渡し、「じゃ、終わりましょう」と言って授業を終え、教室を出ます。授業の終わりは、たいていこういうパターンです。

この、「他にありますか」という問いかけを、リリアニさんは、ずっと「お金、ありますか」と聞いていたというのです。学生に「質問、ありますか」と尋ね、さらに「お金、ありますか」と尋ね、教室をぐるぐるっと見渡し「じゃ、終わりましょう」と言って授業が終わるのだと。

そして、「教師とはいえ、授業の中で、毎回学生のふところ具合を尋ねるなんて失礼だ。もし誰かが「お金がない」と言えば、貸してくれるとでもいうのか。これは日本の習慣なのか。それとも、単なる別れぎわのあいさつなのか。もしかしたら、このようにしょっちゅうお金のことを話題にするような文化が、日本経済を発展させた背景にあるのかもしれない」と、不思議に思っていたとのこと。

それを聞いたとき、あまりの衝撃に、ひっくり返りそうになりました。「他にありますか」と「お金、ありますか」。リリアニさんは、このような聞き間違いを、ずっと続けてきたというだけでなく、それを日本経済の発展とまで関連づけて、理解しようとしていたのです。

「ハヒフヘホ」は「アイウエオ」

リリアニさんは、どうしてこのような聞き間違いをしてしまったのでしょう。

リリアニさんの母語であるスペイン語では、「h」で書かれた音は発音されません。ローマ字で「ha／hi／hu／he／ho」と書かれていても、それは、「ハ／ヒ／フ／ヘ／ホ」ではなく、「ア／イ／ウ／エ／オ」になります。たとえば、「こんにちは」「やあ！」にあたるスペイン語の「hola!」は、「ホラ」ではなく「オラ」と発音されます。「hokani」と書かれていた場合、その発音は「ほかに」ではなく「おかに」になるのです。

もちろん、スペイン語に「h」に近い音がないわけではありません。「jokani」と書けば、「hokani」よりは、ずっと「ほかに」に近くなります。ただ、スペイン語の「j」の音は、日本語の「h」と比べると、のどの奥をこするような、とても強い音で発音されます。そのため、日本語の柔らかい「h」の音を聞いても、それがスペイン語の「j」の音と結びつかないことがあるのです。

「他にありますか」と「お金、ありますか」の聞き間違いには、このような、スペイン語と日本語の音韻体系の違いが影響していたようです。

常識が働かなくなる!?

それにしても興味深いのは、この「お金、ありますか」という聞き間違いが、日本語の教室で起こっていたということです。

買い物やアルバイトのように、お金のことが話題になりそうな場面で使われた「他にありますか」を、その場の状況と関連づけて「お金、ありますか」と聞いたのであれば、それほど不思議はありません。

しかし、教師が授業中に、毎回「お金、ありますか」と尋ねるなんて、ありえないとは思わなかったのでしょうか。ちょっと常識を働かせれば、「変だ」「何か他のことを言っているのではないか」と思ってもよさそうなのに、リリアニさんは、聞き間違いの可能性をまったく考えなかったばかりか、「日本人の習慣」「単なるあいさつ」という方向に考えを進めてしまいました。それだけでなく、日本経済の発展にまで関連づけてしまっていたのです。

もしかしたら、日本に対して抱いていた「経済大国」というイメージが、この誤解に拍車をかけていたのかもしれません。

「日本語では直接的な表現は好まれない」

日本のイメージに関わる誤解の例を、もう一つあげます。

ザンビアから来た留学生のハサンさんが、しみじみとこんなことを言いました。

留学する前に、日本の生活や日本語について、先輩からいろいろアドバイスをもらった。

> そのときに、日本語では直接的な表現が好まれないと聞いた。半年前に日本に来て、いろいろな日本人と知り合ったが、本当にそうだと思う。

日本語では、直接的な表現は好まれない――。

その真偽はさておき、日本語の特徴としてよくいわれることです。ですから、ハサンさんがこのように言ったこと自体には、とくに驚きませんでした。

ただ、いったいどのような状況で、どのような日本語を聞いたときに「本当にそうだ」と思ったのか、知りたいと思いました。

尋ねてみると、次のような答えが返ってきました。

> 日本人は、自己紹介で名前を言うとき、「田中です」ではなくて、「田中と思います」と言う。自分の名前すら断言しないことに驚いた。ザンビアでは、とても考えられないことだ。

いうまでもなく、自己紹介で名乗るときに、「〜と思います」と言う日本人などいません。

どうやらハサンさんは、「田中と申します」という自己紹介を、この半年の間ずっと「田中と思います」と聞き続けていたようです。そればかりか、自分が自己紹介をする際にも、日本流に(?)「ハサンと思います」と言っていたというのです。実は、「〜と思います」と「〜と申します」の混同は、ハサンさんだけではありません。国や母語に関係なく多くの学習者に見られます。

「ハサンと思います」

たしかに、自己紹介で大切なのは「ハサン」の部分ですから、それ以外の部分が多少おかしくても、周囲の人は聞き流してくれたのかもしれません。

それにしても、どうしてハサンさんは、自分の聞き間違いと思うのではなく、「日本人は自分の名前すら断言しない」と思い込んでしまったのでしょうか。

ハサンさんの場合は、「日本語では直接的な表現が好まれない」という先輩からのアドバイスが、その思い込みに拍車をかけていた可能性が大いにありそうです。

3 「一口、飲ませて」

次は、日本語と韓国語の話です。

日本語と韓国語は、文法がとても似ています。語順はそのままで、単語をそっくり入れ換えるだけで、ほぼ同じ意味の文を作ることができます。韓国語母語話者に日本語が上手な人が多いのは、このような日本語と韓国語の類似性とも関係があります。

そうはいっても、異なる言語ですから、使い方が微妙に違うものもあります。その一つが、次にあげる「させてください」という表現です。

- ここにいさせてください。

  여기《ココ》 에《ニ》 있《イ》 게해《サセテ》 주세요《クダサイ》

- 一口、飲ませて。

  한입《ヒトクチ》 마시《ノマ》 게해《セテ》 줘《クレル》

・私にもやらせてくれる？
나《ワタシ》에게도《ニモ》 시키《ヤラ》게해《セテ》 줄래《クレル》？

この表現を文法的に説明すると、日本語も韓国語も［動詞］＋［使役をあらわす形態素（サセル、게해다）］＋［ください／くれる、주세요／주다］という構造をしています。そして、全体として「自分がその動作を行ってよいかどうか、相手に許可を求める」という意味（＝以下「許可求め」）で使われます。

「そばにいさせてください」

このように構造も意味も似ている「させてください」ですが、日本語と韓国語では、「許可求め」として使われる範囲に違いがあるということです（李鳳「「許可求め」の使役形の日韓対照研究―「―（サ）セル」と「게 하다」」韓國日語日文學會『日語日文學研究』五九‐一、二〇〇六）。

日本語の「させてください」は、次のように、飲み会などでの気楽な場面から、病院での深刻な場面まで、幅広く使うことができます。

〈お酒を飲んでいるときに、隣の人が頼んだカクテルがおいしそうなので〉

「あ、私にも一口、飲ませて」

「うん、いいよ」

〈面会謝絶の札がかかった病室の前で、患者の子どもが主治医に向かって〉

「先生、母のそばにいさせてください」

「うーん、ちょっと待ってくださいね……」

ところが、韓国語の「させてください」が使えるのは、「面会謝絶の母親に会わせてほしい」と主治医に頼むような深刻な状況だけで、飲み会などでの気楽な状況でこのように言うと、「そのカクテルを飲まないと、死んでしまう」といった、大げさなニュアンスが生じたり、まるで物乞いをしているかのような表現になってしまうのだそうです。

大げさでなくお願いするのであれば、韓国語では、

一口、飲んでもいい？

少しもらえませんか。

のように、他の表現を使うほうが自然です。

「ククスを食べさせて」

『冬のソナタ』の脚本(韓国語版)を調べてみると、「許可求め」に「させてください」が使われていたのは、わずか三例でした。

その三例とは、次のセリフです(日本語訳だけを記します。傍線筆者)。

・ユジン「(声)そしていつも、祈っていたの。私の思い出の中に生きているあなたの微笑をもう一度見させてくださいって…。」(『冬のソナタで始める韓国語　シナリオ対訳集』キネマ旬報社、二〇〇三、五八頁)

・DJ「ここのスキー場で公開放送をすることにしたのもユジンさんのためですよ。だか

ら、一日も早くククスを食べさせてくださいね。」（同、一五五頁）

・ユジン「（断固として）帰るわけにはいきません。…あの、ジュンサン…いえミニョンさんの傍を離れるなんてできません。一〇年間ずっと思い続けてきた人です。今またやっと会えたんです。（切実に）ジュンサンとは呼びません。ジュンサンを思い出させるようなこともしません。だから、傍にいさせてください。お願いします。」（同、二五三頁）

最初の例は、死んでしまった昔の恋人に会わせてくれるよう、神に祈る場面です。会えないことはわかっているものの、夢の中でもいいから一目でも会いたいと切実に願う気持ちをあらわしています。

二番目の例にある「ククス」というのは、韓国の結婚式で、長寿を願って出される伝統的な料理で、ここでいう「ククスを食べさせてください」というのは、「結婚式をあげてほしい」と同じ意味です。「ククス」だからこその表現であり、これを「キムチ」や「ラーメン」といったような日常的な食べ物にしてしまったのでは、どうにも成り立たなくなってしまうのだそうです。

最後の例は、事故で入院している恋人の病室を訪れたものの、息子の交際を強く反対する母親に追い出され、どうしても傍にいたいと懇願している場面です。

このように、韓国語で「させてください」が使われるのは、どれもかなり深刻な、あるいは、切実な場面での「許可求め」であることがわかります。

「ちょっとティッシュ使わせて」

「させてください」が使われる範囲を、このような深刻な場面だと理解している韓国語母語話者にとって、日常的な場面で、日本語の「させてください」という「許可求め」を気楽に使いこなすのは、かなり難しいことだと思われます。

ただ、その難しさというのは、「気楽な場面で「させてください」がなかなか使えない」「他の表現（「〜てもいい？」）で済ませてしまう」といったものであり、言ったら明らかに間違いだとわかるような難しさではありません。

だとすれば、日本語と韓国語の「させてください」の違いは、むしろ、日本語を勉強している韓国人ではなく、韓国語を勉強している日本人にとって重要な問題かもしれません。たとえば、「ちょっとティッシュ使わせて」「もう一口、食べさせて」といった気楽なお願いを、そのまま韓国語に直訳して使ってしまい、言われた韓国人が「たかがティッシュ一枚で、どうしてそんなに大げさな頼み方をするのだろう」「いったい、何が起きたのだろう」とびっくりしてしまうかもしれないからです。

文法的にはきわめて近い関係にある日本語と韓国語ですが、思いもよらないところに、使い方の落とし穴が隠れていることがわかります。

4 「あっさりした和食」

これまで見てきた例は、どれも一つの文の中で起こる誤用でした。しかし、母語の影響は、文を超えたもっと大きな単位にも見られます。ここでは、二つの文にまたがる現象について見てみます。

次のような状況を思い浮かべてください。

仕事の関係で、ある人と会うことになり、電話で面会の日時を打ち合わせた。電話で一回話したことがあるだけで、お互いの名前は知っているものの、面識はない。数日後、約束の日時に相手のオフィスを訪ねたところ、そこに約束した相手とおぼしき人物が立っていた。

さて、皆さんがこのような状況に置かれたら、どうしますか。とりあえず「おはようございます」「はじめまして」などのあいさつをすると思いますが、その後で、どのように名乗りますか。

周囲の日本人に尋ねてみたところ、次のような答えが返ってきました。

- 先日、お電話いたしました「　名前　」と申します。
- お電話でお約束した「　名前　」です。
- 九時にお約束しています「　会社名　」の「　名前　」と申します。

もちろん、この三つ以外の答えもありえますし、名乗った後に「このたびは、お忙しい中お時間をとっていただき、ありがとうございました」とつけ加えるなど、バリエーションも見られます。しかし、日本人の答えは、ほぼすべてが右のようなパターンでした。

一つの文でまとめて名乗る

同じ質問を、日本語学習者にしてみました。学習者といっても、日本語のやりとりにはまったく不自由のない、上級レベルの人たちです。返ってきたのは、次のような答えでした。

- 「　名前　」です。先日、お電話いたしました。
- 「　名前　」と申します。電話で約束をしました。
- 「　会社名　」の「　名前　」と申します。

さまざまな答えが見られましたが、日本人の答えと決定的に違っていたのは、

「　名前　」です。先日、お電話いたしました。

のように、名前と状況説明を別々の文で言うパターンが、圧倒的に多かったということです。

日本人の答えにあった、

先日、お電話いたしました「　名前　」と申します。

のように、名前の前に状況説明を加えて、一つの文でまとめて言ってしまうパターンは、ほ

とんど見られませんでした。

韓国語母語話者の答えには、両方のパターンが見られましたが、他の言語（英語、中国語、ロシア語、ブルガリア語、タイ語）の母語話者の答えは、すべて別々の文で言うものでした。とくに、ロシア語、ブルガリア語の話者からは、「一つの文でまとめて言うと、同じ名前の人がたくさんいて、「その中でも、とくに私が、あなたに先週電話をした［名前］です」とわざわざ言っているようで奇妙に聞こえる」という意見が出ました。

〈制限用法〉と〈非制限用法〉

「先日、お電話いたしました［名前］と申します」という文の「先日、お電話いたしました」のように、その後ろの名詞（＝［名前］）を修飾する部分を、「連体修飾節」といいます。その後ろにある名詞は、「主名詞」「被修飾節」などと呼ばれます。日本語では、連体修飾節は主名詞の前に位置します。

次にあげた例で、傍線が付された部分が連体修飾節、［　　］が主名詞です。

• これは、京都で買ってきた［おみやげ］です。

・集合時刻に遅れてきた山田さんはバスに乗ることができなかった。
・目が悪い人は、できるだけ前の方に座ってください。
・使わなかった食器は、こちらに置いてある箱に入れてください。

「連体修飾節」には、二つの用法があります。一つは、

京都で買ってきたおみやげ
集合時刻に遅れてきた山田さん

のように、連体修飾節が、単に主名詞を詳しく説明しているだけのものです。これを連体修飾節の〈非制限用法〉といいます。

もう一つは、

目が悪い人
使わなかった食器
こちらに置いてある箱

のように、連体修飾節が、主名詞の指示対象に何らかの限定を加えているものです。これを、連体修飾節の〈制限用法〉といいます。

「目が悪い人」というのは、主名詞の指示対象である「人」の中でも、とくに「目が悪い人」に限定して、「前の方に座ってください」と伝えている表現です。「使わなかった食器」というのは、「食器」の中でも、とくに「使わなかった食器」だけを、「箱」それも、とくに「こちらに置いてある箱」に入れてほしいという表現になります。

〈制限用法〉と〈非制限用法〉の違いは、連体修飾節の部分を取り除いてみるとわかります。

〈非制限用法〉

集合時刻に遅れてきた山田さんはバスに乗ることができなかった。

↓ 山田さんはバスに乗ることができなかった。

〈制限用法〉

目が悪い人は、できるだけ前の方に座ってください。

↓ 人は、できるだけ前の方に座ってください。

〈非制限用法〉では、連体修飾節の部分を取り除いても、意味が変わりません。「集合時刻に遅れてきた」がないと、どうして山田さんがバスに乗れなかったのか、その理由がわからなくはなりますが、「山田さんがバスに乗れなかった」という事実は伝わります。

これに対して、〈制限用法〉では、連体修飾節の部分を取り除いてしまうと、意味が通じなくなります。「人は、できるだけ前の方に座ってください」だけでは、目が悪い人だけでなく、すべての人が前の方に座らなければいけなくなります。さらに、このような文を聞くと、「じゃ、後ろの方に座るのは誰？　イヌやネコ？」などと、突飛な解釈をするしかなくなります。

天ぷらは「あっさりした和食」？

日本語では、〈制限用法〉と〈非制限用法〉の違いが、目に見える形としてあらわれません。どちらも同じ、[連体修飾節]＋[主名詞]という構造をしています。そのため、〈制限用法〉なのか〈非制限用法〉なのかは、単語の意味や文脈などを手がかりに、その場その場で解釈をしています。たとえば、次のような文を聞いたら、その人は、どのようなものを食べたがっていることになるでしょうか。

今日は、あっさりした和食が食べたい。

もしこの文を、

和食は、総じてあっさりした料理である。今日は、そのような傾向をもっている和食が食べたい。(＝和食なら何でもよい)

と解釈したのなら、それは〈非制限用法〉の読みになります。言いたいのは、「和食が食べたい」であり、「あっさりした」という連体修飾節の部分は、主名詞の「和食」の説明として加えられているに過ぎません。

このような〈非制限用法〉として解釈するのであれば、たとえば、天ぷらや揚げ物などを含むコース料理でもかまわないことになります。

一方、

和食には、あっさりした料理とそうでない料理がある。今日は、あっさりしたほうの料理が食べたい。(＝和食なら何でもよいというわけではない)

と解釈するのは、〈制限用法〉の読みです。このように解釈するには、「あっさりした」という連体修飾節は必須であり、取り除くと意味が通じなくなります。〈制限用法〉として解釈するのであれば、あっさりしていない和食、たとえば、天ぷらや揚げ物、場合によっては、脂ののった大トロの刺身なども、除外しなければいけないかもしれません。

子どもは何人？

ところが、〈非制限用法〉と〈制限用法〉とで、文法形式が異なる言語があります。たとえば、英語では、「He had four sons, who became medical doctors.（彼には息子が四人いて、その四人の息子は医者になった）」という〈非制限用法〉の場合は、関係代名詞 who の前にコンマ（,）が必要です。話しことばでは、コンマの代わりに少しポーズが置かれます。

一方、「He had four sons who became medical doctors.（彼には医者になった息子が四人いる（＝他にも子どもがいるかもしれない））」という〈制限用法〉の場合は、コンマがなく、また、話しことばでもポーズが置かれません。

さきほど、ロシア語、ブルガリア語の話者が、先日、お電話いたしました［　名前　］と申します。

と聞くと、同じ名前の人がたくさんいて、その中で「私が、先週電話をした［名前］です」とわざわざ言っているようで奇妙に感じると答えたのは、この連体修飾節を、どうしても〈制限用法〉ととらえてしまう、言い換えれば、〈非制限用法〉として解釈することが難しかったからだといえます。

5　母語によっても異なる日本語

この章では、学習者の日本語の中でも、とくに母語の影響と思われるものを見てきました。あいさつ、聞き取り、文末表現、名乗り方など、学習者の母語はさまざまな場面で顔を見せます。

二〇世紀半ばには、言語学習にもっとも影響を与えるのは、学習者の母語であると考えられてきました。学習者の母語と目標言語（学習している言語）の間に違いがある場合は学習が難しく、違いがない場合は学習が易しいと考えられたのです。たとえば、韓国語には、日本語にある清音(た)、濁音(だ)の区別がありません。だから、韓国語母語話者には、清音と濁音の習得が難しい。その反面、韓国語には、日本語の助詞とほぼ同じ働きをすることばがあるので助詞の習得は易しい、といった具合です。

そのため、学習者の母語と目標言語を比較、対照して、共通点と相違点を明らかにする「対照研究(contrastive analysis)」が盛んに行われました。相違点が見つかったら、そこを徹底的に練習すれば、言語学習がうまくいくと考えられていたためです。

しかし、研究が進むにつれ、同じ母語の学習者が必ずしも同じ誤用をおかすとは限らないこと、その反対に、異なる母語の学習者が、同じような誤用をおかすことがわかりました。これは、言語学習のプロセスに、母語以外の要因が関わっていることを意味します。そのため、学習に影響を与える要因には、他にどのようなものがあるかを明らかにすることが、新しい研究テーマとなってきました。

しかし、この章で見てきたように、さまざまな場面で母語の影響が顔を見せるのも、また事実です。これまでとは異なる観点から、言語の対照研究を進めていけば、学習者の日本語の新たな側面が見えてくる可能性も大いにあります。

五　「先生は若いし、……」

――ことばの背後に潜む文化や価値観

「文法の授業」「文法の学習」というと、無味乾燥な暗記モノのように思われがちです。しかし、実際の文法の教室では、一つの文の解釈を巡って意見が対立したり、教師が予想もしなかった解釈が生まれたり、その人ならではの新しい文が作られたり、実にダイナミックな活動が行われています。

たとえば、次のような問題があったら、皆さんはどのような文を作るでしょうか。

次の［　］に適切なことばを入れて、文を完成させなさい。

旅行といっても、［　　　　　　　　　　　　　　　　］。

あの先生は若いし、［　　　　　　　　　　　　　　　　］。

女の子なんだから、［　　　　　　　　　　　　　　　　］。

「書く→書いて」「考える→考えて」というような、ことばの形に関わる文法は、誰が、いつ、どんな気持ちで話す場合であっても、答えは一様です。悲しいときは「書くって」「考えって」になるとか、イヤイヤ書いている動作をあらわすときは「書きて」「考えりて」になるとか、そういったことはありません。

これに対して、右の［　］を埋めるような、ことばの使い方に関わる文法は、何が適切かが、時によって、場合によって、人によって異なります。他の人が作った文がどうしても納得できなかったり、あるいは、逆の意味にとってしまったり、時には誤解を招くこともあります。

この章では、文の背後に潜む文化や価値観について見ていきます。日ごろ私たちが、いかに多くの前提に寄りかかって、ことばを使ったり、解釈したりしているかに気づかされます。

1　「海外旅行といっても……」

「といっても」という表現があります。次のように使われます。

『中国式ハリ治療』といっても、単に太い針を使う『中国ばり』といった意味だけではありません。戦後中国で生まれた新しい医療の流れ『中西医結合』。それは中国の伝統医学と西洋医学(現代医学)を結びつけた新しい医療。中国のハリ治療は、より現代医学を意識したものに変わりました。そんなハリ治療のための、ホームページです。

（「中国式ハリ治療ネットワークホームページ」http://www.hari.jp/、傍線筆者）

ある夏演習林へ林道敷設の実習に行った時の事である。藤野のほかに三四人が一組になって山小屋に二週間起臥を共にした。山小屋といっても、山の崖に斜めに丸太を横に立てかけ、その上を蓆や杉葉でおおうた下に板を敷いて、めいめいに毛布にくるまってごろごろ寝るのである。

（寺田寅彦「花物語」、小宮豊隆編『寺田寅彦随筆集　第一巻』岩波文庫、傍線筆者）

たとえば、「中国式ハリ治療」といったことばを聞くと、「太くて長い針」「東洋医学」「ツボ」「痛いかも!?」……といった内容が、連想ゲームのように次々と頭に浮かびます。「山小屋」なら、「登山者のための宿泊施設」「木造」「二段ベッド」……といった具合でしょうか。「といっても」という表現には、このように頭に浮かんだ連想ゲームの内容を、訂正したり、補足説明を加えたりする働きがあります。

右の「山小屋といっても～」の文についていえば、

「山小屋」ということばを聞くと、皆さんはそれなりに設備が整った宿泊施設を想像すると思いますが、そうではなくて「屋根は斜めに立てかけた丸太、床は地面に板を敷いただけ」という程度の、かろうじて雨露をしのげるような場所です。

——と、この作者が伝えたかったのは、このようなことだろうと想像できます。

予想を裏切る

そのため、とくに訂正や補足説明が必要なく、ふつうに頭に浮かべる内容そのままでよいときに「といっても」を使うと、次のようにとても奇妙な文になります。

- 先週、子どもの小学校で運動会がありました。運動会といっても、徒競走や騎馬戦や大玉ころがしです。（……って、ふつうの運動会とどう違うの？）
- 私は学生の頃に運転免許をとりました。運転免許といっても、普通自動車です。（……って、ふつうは、みんなそうじゃないの？）

聞く側としては、「といっても」の時点で、「おっ、次は訂正や補足説明が続くんだな」と予想し、身構えます。ですから、「といっても」の後ろに、ふつうに頭に浮かべる、あたりまえの内容がきたのでは、拍子抜けしてしまうのです。

「といっても」の後ろには、連想が裏切られるような内容が続くと、しっくりきます。たとえば、次のような具合です。

・先週、子どもの小学校で運動会がありました。運動会といっても、玉入れだけです。
（えっ？　どうして、玉入れしかやらないの？）
・私は学生の頃に運転免許をとりました。運転免許といっても、大型特殊です。（へー、いきなり、大型特殊免許!?　気合い入ってるなあ）

このように、「といっても」の文が成立するためには、まず「あることばを聞いて、ふつうに思い浮かべる内容」が前提にあり、さらにその後ろには「それを裏切るような内容」が続くことが必要なのです。

「「……」と言っても」

「といっても」には、もう一つ本来の用法とでもいうべき使い方があります。これは、形こそ右と同じ「といっても」ではありますが、「引用をあらわす助詞「と」＋動詞「言う」＋逆接の接続助詞「ても」」に分解して解釈することができます。

次のような例です。

- 私が「おはようございます」と言っても、佐藤さんはぜんぜん返事をしてくれない。
- あの子が「もう絶対、遅刻しない」と言っても、信じないほうがいいよ。

本来の用法の「と言っても」では、誰かの発話を引用していることが明確です。言い換えれば、「言う」という動詞が、実質的な意味をもっているのです。ですから、本来の用法の「と言っても」では、「言う」をどのような動詞にも入れ換えることができます。

- 「わかりません」と答えても、不合格になることはありませんから安心してください。
- 現場を見たベテラン刑事が、「これは明らかに殺人事件だ」と考えても、決して不思議ではない。

一方、「山小屋といっても～」の「といっても」の場合は、誰かが「山小屋！」と言ったわけではありません。誰かが言ったことを俎上にのせるのではなく、「山小屋」ということばを聞いたり読んだりしたときに、ふつうに思い浮かべる内容を提示しているだけです。

このような「といっても」については、日本語教科書には次のような例文が提示され、説明や練習が行われます。

ジョンソン：おさしみも　てんぷらも　たいへん　おいしかったです。日本料理は　いいですね。

良夫：そうですね。でも、日本料理と　いっても、材料は　ほとんど　輸入品なんですよ。

ジョンソン：そうですか。

（水谷修、水谷信子『An Introduction to Modern Japanese』The Japan Times、第30課、傍線筆者）

この「日本料理といっても～」の文について、ことばを加えれば、

「日本料理」ということばから、その材料もすべて日本産だと思うかもしれませんが、実は、そうではなくて、材料はほとんど輸入品なのです。

――と、このような意味になります。

「**広いといっても全員は泊まれません**」

「といっても」の使い方を、ひと通り説明したあとで、学生たちが会話練習を始めました。

・「毎日、晩ご飯はどうしてるんですか」

「自分で作ってますよ」

「えーっ、すごい」

「作ってるといっても、毎日同じものばかりですけど……」

・「漢字が読めますか」

「ええ、五〇〇ぐらいなら読めますよ」

「へえー、すごいねえ」

「読めるといっても、意味がわからない単語はたくさんありますが……」
・「ジョイさんのアパートは、広いですか」
「うん、広いですよ。あ、でも広いといっても、このクラスの全員は泊まれませんよ」

「あはは、まさか」


冗談を交えながら、ここまで「といっても」が使いこなせればひと安心。ほっとして授業を終えました。

「海外旅行といっても……」


数週間後、ある学生が「質問がある」と言ってあらわれました。

この間の授業で「といっても」を習って、わかったと思っていたが、やっぱりわからなくなった。

というのです。話を聞いてみると、テレビの対談番組で、ある日本人タレントがこう発言したとのこと。

海外旅行といっても、ハワイですから……。

その学生曰く、

日本から見れば、ハワイは立派な海外である。それなのに、どうして「海外旅行といっても」の後ろに「ハワイ」が続くのかわからない。

とのことでした。

「海外旅行」ということばから連想されるのは、次のような内容でしょうか。

パスポート、空港、外国、時差、休暇、出張ではない、国内旅行より荷物が多い、日帰りはしない……

もっともっと他にもたくさん出てきそうです。そして、たしかに「ハワイ旅行」は、これらの内容を裏切りませんから、どうして「といっても」の後ろに続くのかと、学生が疑問に思っても、不思議はありません。しかし、その一方で、「海外旅行といっても、ハワイですから」という発言に、私たちが違和感を覚えないのも事実です。

「ハワイ」といえば……

ここでは二つのポイントがあります。

一つは、「観光地としてのハワイ」です。

「海外旅行」ということばから連想される内容には、次のようなものもあります。

　海外旅行＝日本語が通じない、英会話、非日常、慣れない食事、日本とは違う景色……

この点から考えると、「ハワイ」には、日本語が通じる店も多く、たくさんの日本人観光客が年間を通じて訪れます。海外旅行の行き先としては、日本人にとって過ごしやすい場所の一つといえます。

それを踏まえて、

「海外旅行に行ったんですか。私、英語がまったくできないから不安で……」

「私も初めてでしたけど、海外旅行といってもハワイですから、日本語が通じるところも多かったし、親切な人が多かったし、大丈夫でしたよ」

といった話の流れを考えれば、「海外旅行といっても、ハワイですから」という文がぴったりはまるようになります。

二つめは、「タレントの発言」です。

テレビのワイドショーでもとりあげられるように、新年をハワイで過ごすというのは、日本の芸能人にとって、一つの恒例行事になっているようです。そう考えると、海外旅行の行き先としての「ハワイ」は、芸能人にとってはあまり珍しくない、わざわざ話題にするほどでもない、そのような位置づけにあるのかもしれません。

それを踏まえて、

〈テレビの対談番組で〉

司会者「お正月は海外でお過ごしになったそうですね」

タレント「ええ。でも、海外旅行といってもハワイですから……」

といった話の流れを考えれば、「海外旅行といっても、ハワイですから」という文が、これまたぴたりとはまります。

何が「ふつう」か

この学生がテレビで耳にしたという「海外旅行といっても、ハワイですから」が、どのような流れで出た発言なのかは、わかりません。しかし、いずれにしても、この発言を理解するためには、少なくとも「日本人が「海外旅行」ということばから、ふつうに連想するもの」についての一般的な知識が必要で、さらに「観光地としてのハワイ」「日本人タレントにとってのハワイ」といったその場における個別的な情報の助けも借りながら、そのうちの何が裏切られたのかを、話の流れに沿って理解しなければならないのです。

あることばから、何をふつうに連想するかは、実にやっかいな問題です。「誰にとってのふつうか」に関わるからです。「私にとってのふつう」が、必ずしも「あなたにとってのふつう」ではないように、「日本人にとってのふつう」が、「他の国の人にとってのふつう」ではないからです。

2 「カレーも作れます！」

テニオハ…などと呼ばれることもある「助詞」は、初級の授業でとりあげられる文法の一つです。日本語の教科書には、次のような例文が載っています。

1 コーヒーを飲みます。
(1) テレビを見ます。
(2) A：何を飲みますか。
B：コーヒーを飲みます。

2 学校へ行きます。
(1) うちへ帰ります。
(2) 日本へ来ます。
(3) A：どこへ行きますか。
B：会社へ行きます。

3　学校で勉強をします。
（1）うちでテレビを見ます。
（2）会社で仕事をします。
（3）A：どこでごはんを食べますか。
　　B：食堂で食べます。
（文化外国語専門学校編『新文化初級日本語Ⅰ』凡人社、四九頁）

さて、「も」という助詞があります。「も」には、いくつかの用法があります。

〈喫茶店で〉
店員「ご注文は何になさいますか」
客A「アイスコーヒー」
客B「あ、私も」
店員「はい、承知しました」

〈公園で〉

母A「うちの子、白いご飯ばかりでおかずを食べなくて……」

母B「あ、うちの子も―」

母A「どうしたらいいかしらね」

右の会話で、客B、母Bは、文を最後まで言っていません。しかし、ここまで聞けば、「客Bは、アイスコーヒーを注文する」「母Bの子どもは、白いご飯ばかりでおかずを食べない」ということがわかります。わかったからこそ、店員、母Aは「はい、承知しました」「どうしたらいいかしらね」と続けているのです。もし、

客B「あ、私は―」

母B「あ、うちの子は―」

と、「は」で終わったのでは、その後ろにどのような内容がくるのかは、想像できません。

これは、助詞「も」がもっている「並列をあらわす機能」によります。並列というのは、「他のものと同じように」という意味です。

尺度を含意する「も」

では、次の「も」はどうでしょうか。

〈祖父が小学生の孫に〉
祖父「もう足し算は習った？」
　孫「かけ算も習ったよ」
祖父「へえ、すごいなあ」

〈携帯電話ショップの店頭で〉
　客「この機種、写真が撮れますか」
店員「そちらは、動画も撮れますよ」
　客「写真だけでいいんだけどなぁ」

ここでの「も」は、並列の機能とはちょっと違います。もし、それぞれの答えが、孫「うん、(足し算を)習ったよ。かけ算も習ったよ」
店員「はい、(写真が)撮れます。動画も撮れますよ」

であれば、それは並列の「も」になります。

しかし、祖父から、足し算を習ったかどうかを尋ねられた孫は、直接それには答えず、かけ算について答えています。携帯電話ショップの店員は、写真について聞かれたのに、動画について答えています。しかし、この答えで十分だったことは、祖父や客が戸惑ったり、聞き返したりせずに、会話を続けていることからわかります。

これは、助詞「も」がもっている「尺度を含意する機能」によるものです。あるものごとについて、「簡単なものから難しいもの」「ふつうのものから特殊なもの」といったように、方向性をもった何らかのものさしを想定させる「も」です。

「計算」のものさし

小学校で習う計算について、方向性をもったものさしを想定してみましょう。

小学校の算数の授業では、足し算、引き算、かけ算、割り算という順序で、四則計算を習います。それを知っている私たちは、頭の中に、「小学校で習う計算」について、次のような方向のものさしをもっていると考えられます。

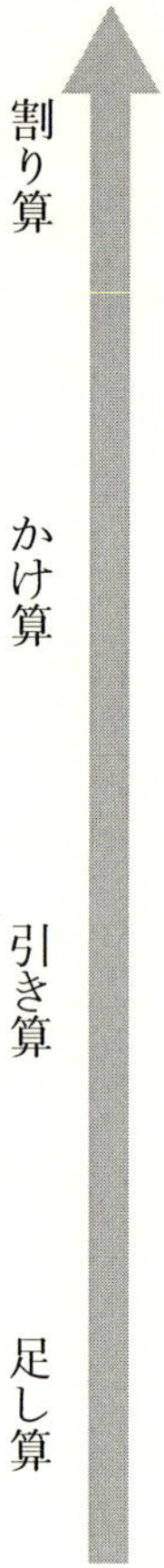

上にあるほど、後で習う、より難しい計算ということになります。そして、あるレベルの内容に「も」をつけることによって、「それより下の内容はもちろんのこと」という含みをもたせることができるのです。

「割り算も習った」と言われれば、「かけ算、引き算、足し算をすべて習った」と解釈します。

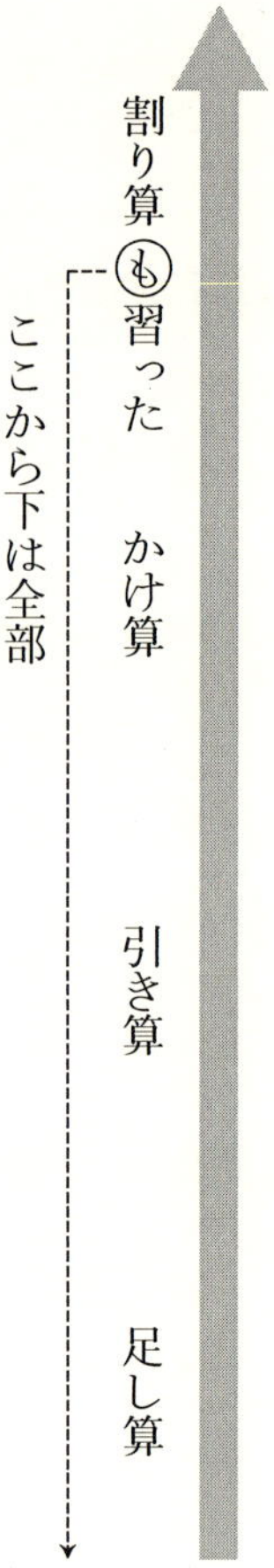

同様に、「引き算も習った」と言われれば、「その下にある足し算は習ったが、割り算とかけ算はまだだ」と解釈するのです。

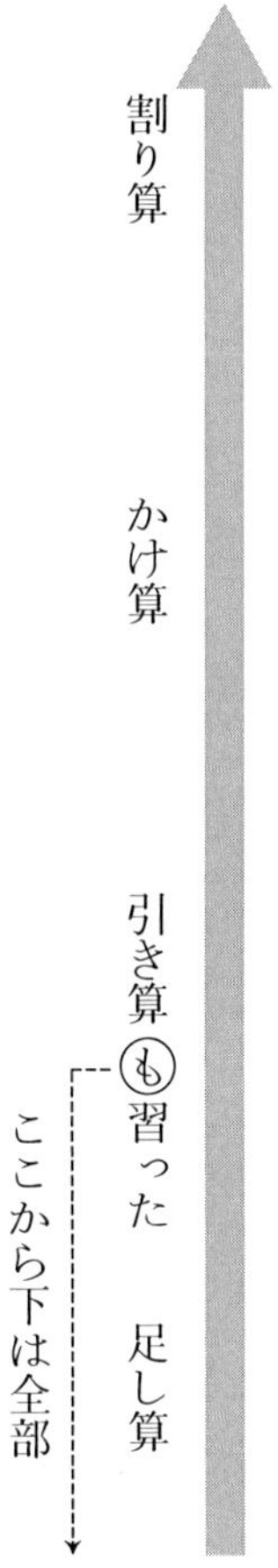

このような「も」の用法では、どのような方向性を想定するかが重要です。逆向きに想定したのでは、次のように、奇妙な文になります。

祖父「もう割り算は習った？」
　孫「足し算も習ったよ」
祖父「？？？」(この子は、割り算を習ったのだろうか)

「携帯電話」のものさし

携帯電話には、どのようなものさしが想定できるでしょうか。

動画が撮れる携帯電話があれば、私たちは、その電話で、写真(静止画)も撮れるだろうと考えます。つまり、次のような方向性をもったものさしを想定していることがわかります。

上にあるほど、携帯電話として、より高性能だということになります。ですから、「動画も撮れる」と言われれば、当然、その下のレベルにある「写真を撮る」の性能も備えていると考えます。携帯電話ショップの店員に「動画も撮れますよ」と言われた客が、「写真も撮れる」と理解したのは、このようなものさしの想定と、「も」の機能によるものです。

「日本の食べ物」のものさし

中級の授業で、このような「も」をとりあげたときのことです。

二人ずつペアになり、次の［　　］に語句を入れて、短いやりとりを完成させ、みんなの前で発表しました。

A：［B］さん、［　　　　］か。
B：ええ。［　　　］も［　　　　］よ。
A：えー、本当ですか。すごいですねえ。

学生たちは、たとえば次のような会話を作ります。

リー：［タオ］さん、［日本の食べ物が食べられます］か。
タオ：ええ。［納豆］も［食べられます］よ。
リー：えー、本当ですか。すごいですねえ。

他からも「すごい」という声があがります。このやりとりから、学生たちの頭の中には、「食べるのが難しい日本の食べ物」という共有されたものさしがあり、「納豆」がその上位に位置づけられていることがわかります。

ピーター：モダムさん、泳げますか。
モダム：ええ。バタフライもできますよ。
ピーター：いいなあ。私はぜんぜん泳げないんです。
周囲の学生は、モダムさんに尊敬のまなざしを向けています。クロール、平泳ぎ、……といった泳法の中で、バタフライが難しいものだというのも、共感しやすいものさしのようです。

「料理」のものさし

ところが、あるペアが作ったやりとりは、次のようなものでした。
シュウ：カンさん、料理が上手ですか。
カン：ええ。カレーも作れますよ。
シュウ：えー、本当ですか。すごいですねえ。
これを聞いたときの周囲の反応は、二分されました。「うんうん」と心からうなずいているグループと、「カレーなんて、誰でも作れるでしょ。この文、おかしい」と冷ややかな反応のグループです。

「うんうん」とうなずいているグループに言わせると、「数多くのスパイスを上手に配合して、自分の味を出すのはとても難しい。いつまでたっても、母親のカレーにはかなわないと思う」とのこと。「料理の難しさ」というものさしの中で、カレーはかなり上位にあるようです。

一方、冷ややかなグループに言わせると、「カレーなんて、肉と野菜を炒めて、買ってきたカレールーを入れれば子どもにも作れる」とのこと。料理が上手かどうかのバロメーターになるような料理ではないそうです。

日本人にとってのカレーの位置づけも、どちらかといえば、後者に近いのではないでしょうか。ちなみに、私が提示した例文の中で、学生たちから「いちばん理解できない」と言われたのは、次の文でした。

　私は料理が得意です。天ぷらも上手にできますよ。

「天ぷらなんて、衣をつけて、油に入れるだけなんだから、誰にでもできる。ものさしの上のほうには、いかない」のだそうです。

まずは「ものさし」の共有から

助詞の「も」は、ひらがなでたった一文字。また、動詞や形容詞のように、活用して形が変わるわけでもなく、一見したところ、難しい文法とは思えません。しかし、「尺度を含意する「も」」についていえば、どのような「ものさし」を設定するのか、その「ものさし」に何をどのように並べるかには、かなり個人差、文化差があるため、必ずしも思った通りに伝わらない場合があります。

自分の中で、天ぷらが「難しい料理ナンバーワン」だとしても、その「ものさし」を共有していない相手に、

私、天ぷらも作れるんですよ。

といくら言っても、まったく伝わりません。そういう相手に、料理上手をアピールしたいのであれば、

天ぷらっていうのは、ただ揚げるだけでいいと思うかもしれませんが、下ごしらえや油の温度調節など、カラッとおいしく揚げるのは、けっこう難しいんですよ。

といったように、まずは「ものさし」の共有から始めなければならないのです。

3 「青山先生は若いし、……」

次にとりあげるのは、学習者によって解釈がわかれた例文です。次の文の［　］を補って、文を完成させてみてください。

青山先生は若いし、［　　　　　　　　　　］。

ある学生が作ったのは、次のような文でした。

（ア）青山先生は若いし、［教えるのも上手です］。
青山先生は若いし、［いつも笑っています］。

青山先生は若いし、［とても元気な先生です　　　　］。
青山先生は若いし、［いつも素敵なスカーフをしています］。

ところが、(ア)の文に異議を唱えた学生がいました。次のような内容を続けないと、おかしいというのです。

(イ) 青山先生は若いし、［教えるのも下手です　　　］。
青山先生は若いし、［いつも怒っています　　　］。
青山先生は若いし、［時々遅刻をします　　　　］。
青山先生は若いし、［あまり良い洋服を着ていません　］。

さて、皆さんが共感を覚えるのは、(ア)と(イ)のどちらでしょうか。

「〜し」でつなげられるのは?

「〜し」という接続助詞でつながれた文は、「〜し」の前にくる内容(これを［前件］といいます）と後ろにくる内容（これを［後件］といいます）に対する、話し手の評価を暗示します。［前件］と［後件］の組み合わせには、意味的な制限があります。それは、

［前件］が「肯定的な評価」なら、［後件］も「肯定的な評価」でなければいけない。
［前件］が「否定的な評価」なら、［後件］も「否定的な評価」でなければいけない。

というものです。

次の例を見てください。（ウ）の文は、しっくりきますが、（エ）の文は、なんだか座りが悪く感じられます。

（ウ）あのレストランは、おいしいし、値段も安い。
　あのレストランは、まずいし、値段も高い。
（エ）あのレストランは、おいしいし、値段も高い。
　あのレストランは、まずいし、値段も安い。

レストランを評価するときに、「おいしい」「値段が安い」というのは、ふつうは「肯定的

な評価」をあらわします。一方、「まずい」「値段が高い」というのは、ふつうは「否定的な評価」をあらわします。「肯定的な評価」を「肯」で、「否定的な評価」を「否」で示すと、次のようになります。

あのレストランは、おいしいし、値段も安い。
肯　肯

あのレストランは、まずいし、値段も高い。
否　否

あのレストランは、おいしいし、値段も高い。
肯　否

あのレストランは、まずいし、値段も安い。
否　肯

このように、「〜し」という接続助詞でつながれた文には、「肯＋肯」あるいは「否＋否」

という組み合わせだとしっくりくるけれど、「肯＋否」「否＋肯」という組み合わせだと座りが悪いという規則があるのです。

「若い先生」は好きですか

これを踏まえて、さきほどの「青山先生」に戻りましょう。

(ア)の例文で、「青山先生は若いし、〜」の[後件]にきていたのは、「教えるのも上手です」「いつも笑っています」「とても元気な先生です」「いつも素敵なスカーフをしています」といったように、すべて「肯定的な評価」でした。

これに対して、(イ)の[後件]は、「教えるのも下手です」「いつも怒っています」「時々遅刻をします」「あまり良い洋服を着ていません」といったように、すべて「否定的な評価」でした。

つまり、同じ「青山先生は若い」という文が、(ア)では、「良いこと」「好ましいこと」として肯定的にとらえられ、(イ)では、「良くないこと」「好ましくないこと」として否定的にとらえられていることがわかります。

授業中に「「若い先生」と「若くない先生」のどちらに習いたいですか?」と尋ねても、

学生の反応は一様ではありません。「若い先生は、教えた経験も少なく、頼りないから良くない」と考える学生もいれば、「若い先生は、年齢が近いぶん、自分たちの気持ちをよくわかってくれるから良い」と考える学生もいます。あるいは、「良い先生かどうかと年齢は、まったく関係ない」と考える学生もいます。

「若い先生」をどのように評価するかは、社会や文化、あるいは、個人の価値観によって異なります。(ア)に共感するか、(イ)に共感するか、人によって評価がわかれる根底には、このような価値観の違いがあります。しかし、いずれにしても大切なのは、二つのものごとを「~し、~」でつなぐと、そこには何らかの「価値判断」や「評価」といったものが暗示されるということです。

「狭いアパート」は?

「~し、~」の文法を説明した後で、学生がこのように言うことがあります。

「狭いアパート」というのは、ふつうは「良くないこと」だけど、部屋が広いと掃除するのが面倒と思っている人だったら、こんなふうに言えますね。

私のアパートは、家賃も安いし、狭いですよ。（＝掃除も楽だから、引っ越すつもりはありません）

こんな冗談が出れば、大成功。「～し、～」の用法を、十分に理解してくれた証拠なのですから。

4 ことばを教える、文化を教える

「外国人に日本語を教えています」と言うと、「じゃあ、英語がペラペラなんですね」と言われることがあります。「いいえ、英語の教師ではありませんから」と答えると、怪訝な顔をされます。「日本語と一緒に日本文化も教えるんですか」と聞かれることもあります。その人が考える「日本文化」というのは、茶道、華道、柔道、書道などのことのようです。「あはははは。お茶やお花なんて教えられません！　私も習いたいぐらいです」と答えると、とてもがっかりした顔をされます。

しかし、「日本語」と「日本文化」のつながりは、茶道や華道ばかりではありません。一見、無味乾燥にも思える「文法」ですら、ことばの使い方に関わる文法に、ひとたび目を向ければ、私たちがいかに多くのことを前提にして、ことばを使ったり、解釈したりしているかに気づかされます。

あることばを聞いて「ふつうに」思い浮かべること、ものごとについて想定する「ものさし」、あることに対する肯定的・否定的な「評価」。ふだんはどれも意識はしませんが、自分と異なる「ふつう」「ものさし」「評価」に接したときに、初めて気づくことが多いものです。たかが「文法」、されど「文法」。ことばの背後には、実に多くの文化や価値観が潜んでいます。

六　「今日はネコ暑いですね」

――「わかりにくさ」を生みだすもの

学習者が書いたり話したりする日本語には、「わかりにくい日本語」が、しばしばあらわれます。たとえば次のようなものです。

私の国には、こめかみがたくさんあります。（こめかみがある？）

大通公園でうおのめを食べました。とてもおいしかったです。（そんな、まさか！）

今日は本当にネコ暑いですね。（たしかに、ネコは暑さに弱そうだけど）

母が怒って、ドアを蹴りました。（えっ、本当だとしたら、ずいぶん威勢のいいお母さんだな）

これらの文には、明らかな形の間違いはありません。しかし、いったい何が言いたいのか、その内容をすぐに汲みとることができません。

この章では、「わかりにくい日本語」をとりあげます。実にさまざまなことがらが、「わかりにくさ」に関わっていることがわかります。

1　「私の国には、こめかみがたくさんあります」

カンボジアから来た学生が、自分の国について紹介する作文を書きました。その書き出しは、次のようなものでした。

　私の国には、こめかみがたくさんあります。大きいこめかみも小さいこめかみもあります。カンボジアの人は、休みの日には、かぞくでこめかみに行きます。……


「こめかみ」がたくさんあります――？

大きい「こめかみ」、小さい「こめかみ」――？？

休みの日には、かぞくで「こめかみ」に行く――？？？

読みながら、思わず左右のこめかみを指で押さえました。「こめかみ」って何だろう。何度も繰り返し出てきますので、単なる書き間違いではなさそうです。この学生は、いったい何を言いたいのだろう。不思議に思いながら読み進んだところ、次の一文があらわれました。

tem-ple[1] [témpl] 名

1 寺院　the Kinkakuji Temple 金閣寺.

2 (キリスト教の)礼拝堂，教会堂(▼church, chapel が一般的)；(フランスの)プロテスタントの教会堂；モルモン教の神殿.

3 ((The T-))(聖書時代の Jerusalem の)エホバの神殿.

(後略)

tem-ple[2] [témpl] 名

1 ((通例 ～s))こめかみ.

2 ((米))眼鏡のつる.

私の国でいちばんゆうめいなこめかみは、アンコールワットです。アンコールワットは……

どうも「お寺」「寺院」のことを言いたかったようです。意味はわかりましたが、では、どうして「こめかみ」なのでしょう。

templeを辞書で調べたら……

作文の授業で、「自分の国を紹介する」という宿題を出された、この学生は、カンボジアの仏教や寺院などについて書きたいと考えました。しかし、仏教や寺院に関する単語がわからなかったため、辞書を引き引き作文を書いたそうです。

まず、知りたかった単語は、temple(＝寺、寺院)にあたる日本語でした。そこで英和辞書で調べたところ、上のように書いてあったそうです。

このうちのどれかだとは思ったけれど、どれも漢字で書かれているので、どれが探している「temple」なのかよくわからなかった。唯一、ひらがなだけで書いてあったのが「こめかみ」だった。だから、それを選んで書いた。

本人の説明によれば、こういうことのようです。

「私の国には、こめかみがたくさんあります」の背景には、「こめかみ＝temple＝寺院」という、辞書を介した三題噺のようなつながりがありました。

この章の冒頭では、次のような文も紹介しました。

大通公園でうおのめを食べました。とてもおいしかったです。

この背景にも、三題噺があったのです。それは「うおのめ＝corn＝とうもろこし」というものです。

大通公園でとうもろこしを食べました。とてもおいしかったです。

なるほどこれなら納得です。

temple n **1** *ancient Greece, Rome, etc.* 神殿《しんでん》, *Buddist, hindu, etc.* 寺院《じいん》, 寺《てら》

Temple of Apollo アポロの神殿《しんでん》

Zojoji temple 増上寺《ぞうじょうじ》

2 *side of head* こめかみ

（吉田正俊，中村義勝『ふりがな英和辞典』初版，講談社インターナショナル，p. 608）

英和辞書いろいろ

英和辞書によって引き起こされた、びっくりするような三題噺ですが、もしこの学生が、「日本人用の」英和辞書ではなく、「日本語学習者用の」英和辞書を使っていれば、このような間違いはあらわれなかったかもしれません。

英和辞書に、「日本人用」「日本語学習者用」の区別があるの？

こう思われるかもしれません。英和辞書というのは、文字通り「英語から日本語を探すための辞書」です。その点は、「日本人用」も「日本語学習者用」も同じです。しかし、使い手が違うことによって、書かれている情報に違いがあります。

百聞は一見にしかず。日本語学習者用の英和辞書を見てみましょう。

ぱっと見て気づくのは、漢字にルビがふられていることです。しかし、それより大きな特徴は、「1神殿、寺院、寺」「2こめかみ」という、templeの二つの意味に対して、それぞ

れさらに英語の説明がついていることです。「2こめかみ」には、side of head（頭部の横側）という説明があります。このような説明があれば「自分が探しているのは、こっちのtempleではない」と、この学生はすぐに気づいたはずです。

日本語学習者用の英和辞書を使うのは、「日本語より英語ができる人」です。英語ができる人が自分の頭の中にある英語を、日本語でどう言うかを探すために辞書を調べるのですから、templeのように、まったく違う二つの意味をもっている（＝日本語では違う単語になる）ことばの場合は、それぞれの意味を別の英語で説明し直さないと、どちらを選んでいいのかわかりません。

どちらか単語を選ぶときには、ルビは役に立ちません。なぜなら、辞書を引いて調べるということは、それらの単語をまったく知らないわけですから、ルビを頼りに、「しんでん、じいん、てら、こめかみ……」と音読したとしても、それらの意味を理解する助けにはならないからです。まったく知らない外国語であっても、聞いた通りに繰り返すことはできますが、だからといって、意味が理解できるわけではないのと同じです。

これに対して、日本人用の英和辞書を使うのは、「英語より日本語ができる人」です。日本語ができる人が、templeという英語の意味を知るために辞書を調べるのですから、temple の日本語の意味が、ずらっと並んでいることが大切です。

　また、どこかで temple という単語を目にしたからこそ、その意味を調べたいわけです。ということは、そこに並んでいる日本語のどれを選べばいいかは、自分が temple を目にした文脈にあてはめてチェックすればいいわけです。たとえば、タイの観光ガイドブックに There are a lot of temples in Thailand. と書いてあったのであれば、まさか、「こめかみがたくさんある」とは思わないでしょう。もしそこに、side of head といった説明があったとしても、あまり役に立つ情報にはなりません。

　このように、「英語から日本語を調べる」という点は同じであっても、誰が、どのような目的で使うかによって、英和辞書の内容は異なります。日本語を初めて勉強する人に、小学生用の国語辞書を勧めても、あまり喜ばれないのは、こういう理由です。

2　「今日はネコ暑いですね」

　一年前に初級クラスで教えた学生が、研究室を訪ねてきました。モンゴルから来たバタホルさんです。夏休みを利用して、モンゴルに一時帰国するからと、あいさつに来てくれたのでした。

研究室に入ってきたバタホルさんは、開口一番にこう言いました。

先生、こんにちは。ご無沙汰しています。今日はほんとうにネコ暑いですね。

ネコ暑い？

たしかに、その日は湿度も高く、とても暑く感じる一日でした。それに、そういわれてみれば、猫は暑さに弱そうです。それにしても、「ネコ暑い」とは、いったいどういうことでしょう。ユーモア好きなバタホルさん独特のジョークでしょうか。

返答に困っていると、バタホルさんは次のように言い直しました。

間違えました。今日はほんとうにイヌ暑いですね。

おそらく、私が怪訝な顔をしていたのでしょう。

バタホルさんは、困ったような顔をして、こう言いました。

ええと、「ネコ暑い」も「イヌ暑い」も違いますか？

「ネコ暑い」「イヌ暑い」——そんな新しい形容詞を、いったいどこで見つけてきたのでしょう。もしかしたら、いま大学生の間では、そんなことばが流行っているのでしょうか。

「虫暑い」

その日は、とても蒸し暑い日でした。「バタホルさん。もしかしたら、「蒸し暑い」って言いたかったの？」と聞いてみると、バタホルさんは、「そうです、そうです。「ムシ暑い」です！」と、嬉しそうにうなずきます。そして、「「ネコ暑い」「イヌ暑い」と、いつも間違えます」と言います。

よくよく聞いてみると、次のような事情がわかりました。

去年、日本で初めての夏を過ごして、母国モンゴルとは違う暑さに驚いた。ウランバートル（モンゴルの首都）も、七、八月には最高気温が四〇度近くなるが、こんなに湿度が高いことはない。だから、「暑い」ということばだけでは、モンゴルの夏と日本の夏の違いを、日本の人にうまく伝えきれないと思った。

そこで、日本人の友だちに、こんなふうに湿気があって暑い状態を日本語でなんと言うのか尋ねたところ、「ムシ暑い」という形容詞を教えてくれた。

「暑い」ということばは知っていたけれど、「ムシ暑い」というのは初めて聞いたことばだった。それ以来、「ウランバートルも夏は暑いです。でも、日本のようにムシ暑くありません」と説明するようにしているが、こう言えば、日本の人がすぐにわかってくれるのでとても嬉しかった。

ある日、「ムシ暑い」の「ムシ」というのは、どういう意味だろうと不思議に思い、日本人の友だちに「ムシは英語で何ですか」と尋ねた。すると、その友だちは「ムシというのは、英語でinsect（＝昆虫）のことだ」と教えてくれた。「insect hot（昆虫＋暑い）」というのが、どうして「湿気があって暑い」という意味になるのか、つながりがよくわからなかったが、日本語ではそうなのだろうと思って納得した。

今年、日本で二回目の夏を迎えて、また「湿気があって暑い」と言いたくなったが、去年覚えたことばを忘れてしまった。しかし、「二文字の生き物」というのはなんとなく覚えていたし、猫や犬は毛が生えていて暑そうなので、「ネコ暑い」か「イヌ暑い」だろうと思った。でも、「ネコ」か「イヌ」かどちらだったか、自信がなくていつも間違えてしまう。

なるほど！

バタホルさんが「ネコ暑い」「イヌ暑い」と言っていたのは、決して冗談ではなく、また、「ネコ」か「イヌ」かで迷うのにも、それなりの理由があったわけです。

「虫」のムシでなく「蒸し暑い」のムシ

日本人の友だちに「蒸し暑い」という形容詞を教えてもらったところまでは、バタホルさんの日本語学習はスムーズにいっていました。混乱を招いたのは、「ムシ」の意味を尋ねてからです。

いうまでもなく「ムシ暑い」の「ムシ」は、「昆虫」の「虫」ではなく「蒸す」という動詞のマス形「蒸し」。しかし、それを尋ねるバタホルさんの質問が、「ムシは英語で何ですか」という、非常にシンプルなものであったために、聞かれた日本人のほうは、まさか「蒸し」だとは思わず、「ムシ＝虫」の英語を答えてしまったというわけです。

「メタ言語」と「対象言語」

「ことばを説明するためのことば」を「メタ言語」といいます。これに対して、私たちがふだん使っている、ふつうの言語のことを「対象言語」といいます。次の例でいうと、太字が「メタ言語」、細字が「対象言語」にあたります。

日本語の「りんご」は、英語の apple です。

「おはようございます」**は、朝、誰かと初めて会ったときに使うあいさつです。**

「時計、ありますか?」**という文は、本来は時計を持っているかどうかを尋ねる質問ですが、時間を教えてもらいたいときの依頼表現としても使うことができます。**

「メタ」とか「対象」とか「言語」とかいうと、なにやら難しく感じられますが、「メタ言語」と「対象言語」を見分けるのに、すごく簡単な方法があります。それは、外国語に翻訳してみることです。

「えーーっ、ぜんぜん簡単じゃないじゃん！」

そんなこと言わないでください。実際に翻訳する必要はありません。翻訳のイメージだけで、十分です。

ハルモエナ国にて

皆さんは、いまハルモエナ国に住んでいます。ハルモエナ市内にある日本語学校で、ハルモエナ人の学生に日本語を教える仕事をしています。あるとき、初級の日本語クラスで「りんご」と「おはようございます」の意味を教えることになりました。皆さんはハルモエナ語がわかるので、説明には、できるだけハルモエナ語を使おうと思います。

さて、どうなるでしょうか。

日本語の「りんご」は、ハルモエナ語の◎×※★△○です。

「おはようございます」は、朝、誰かと初めて会ったときに使うあいさつです。

（残念ながら、私はハルモエナ語がわかりませんので、本来ならハルモエナ語を使うべき箇所も、日本語で書くことにします。また、ハルモエナ語の「りんご」にあたる部分は、とりあえず「◎×※★△

○」としておきます。）

説明の太字の箇所が、ハルモエナ語になることがわかります。同じように、次の説明をハルモエナ語でしてみます。

「時計、ありますか?」**という文は、本来は時計を持っているかどうかを尋ねる質問ですが、時間を教えてもらいたいときの依頼表現としても使うことができます。**

これも、「時計、ありますか?」以外の太字の箇所が、ハルモエナ語になることがわかります。逆にいうと、「りんご」「おはようございます」「時計、ありますか?」の部分は、どうやっても日本語のままにしておかないと、説明になりません。

このように、どの言語で説明しても日本語のまま変わらない部分を「対象言語」、一方、何語で説明するかによって変わる部分を「メタ言語」といいます。「メタ言語」と「対象言語」の違い、わかっていただけたでしょうか。

ふだん、私たちはこのような二種類の言語を、器用に使い分けてコミュニケーションを行っています。ことばを覚え始めた子どもが、

「虫歯」ってなに?
「お正月」ってなに?
「いとこ」ってなに?

のように、周囲の大人を質問攻めにするのは、よく見かける光景ですが、これすら、

「虫歯」**ってなに?**
「お正月」**ってなに?**
「いとこ」**ってなに?**

という、「メタ言語」と「対象言語」の二重構造になっているのです。

「の」は働き者

さて、さきほどのバタホルさんの例に戻りましょう。バタホルさんが日本人の友だちに聞いたのは、次の質問でした。

「ムシ」**は英語で何ですか。**

もし、バタホルさんが、次のように尋ねていれば、誤解は生まれませんでした。

「蒸し暑い」の「ムシ」は英語で何ですか。

ここでは、「の」がポイントです。日本語の助詞「の」は、とても働き者です。たとえば、ある代表的な初級日本語教科書には、「の」に関連する文法項目として次の一七の用法がとりあげられています。（元の解説は英文ですが、ここではその和訳を掲載します。また日本語例文に添えられた英文は省略します。）

第1課　名詞1の名詞2

「の」は二つの名詞をつなげるのに使われます。名詞1は名詞2を修飾します。第1課では、名詞1は、名詞2が属している組織やグループなどをあらわします。

⑧　ミラーさんは　IMCの　社員です。

第2課　名詞1の名詞2

第1課で、「の」は名詞1が名詞2を修飾するときに、二つの名詞をつなげるのに使われることを勉強しました。第2課では、「の」のほかの二つの用法を勉強します。
(1) 名詞1は、名詞2が何についてのものかを説明します。
⑨ これは　コンピューターの　本です。
(2) 名詞1は、名詞2が誰のものかを説明します。
⑩ これは　わたしの　本です。

第3課 名詞1の名詞2

名詞1が国の名前で、名詞2が製品のときは、名詞2がその国で作られたことを意味します。名詞1が会社の名前で、名詞2が製品のときは、名詞2がその会社によって作られたことを意味します。この構造では、名詞2が、どこで、または誰によって、作られたかを尋ねるのに、「どこ」を使います。
⑧ これは　どこの　コンピューターですか。
…日本の　コンピューターです。
…IMCの　コンピューターです。

(スリーエーネットワーク『みんなの日本語　初級I翻訳・文法解説英語版』)

以下には、例文のみを掲げます

第4課　きのうの｜　晩　勉強しましたか。
第8課　日本語の｜　勉強は　どうですか。
第10課　机の｜　上に　写真が　あります。
第14課　この　漢字の｜　読み方を　教えて　ください。
第16課　インドネシアの｜　バンドンから　来ました。
第31課　旅行は　一週間の｜　予定です。
第34課　テーブルは　説明書の｜　とおりに、組み立てて　ください。
第34課　食事の｜　あとで、コーヒーを　飲みます。
第42課　健康の｜　ために、野菜を　たくさん　食べます。
第45課　故障の｜　場合は、この　番号に　電話して　ください。
第46課　あの　スーパーは　あしたは　休みの｜　はずです。
第47課　小川さんの　話は　ほんとうの｜ようです。

第50課　グプタさんの到着は　2時です。
（スリーエーネットワーク『みんなの日本語　初級Ⅰ本冊』『同　Ⅱ』、傍線筆者）

バタホルさんも、このようなたくさんの「の」を勉強したはずなのに、

「蒸し暑い」の「ムシ」は英語で何ですか。

と質問することができませんでした。「蒸し暑い」の「ムシ」――。「メタ言語」としての「の」の使い方を知らなかったために、「昆虫」のことだと誤解されてしまったのです。

「メタ言語」でことばの世界が広がる

「日本語を学ぶ」というのは、「対象言語」としての日本語と同時に、「メタ言語」としての日本語を学ぶことでもあります。さきほどのように、

「※★」は、どういう意味ですか。

「◎×※★」の「※★」は、どういう意味ですか。

と、ことばの意味をシンプルに尋ねるだけでなく、

「☆▲■」と「★△◇」は、どう違いますか。

といったように、よく似たことばの違いを尋ねることもできます。それだけでなく、

私から申しあげるのは失礼かもしれませんが——

この漢字の意味はわかるんですが、読み方がわからないもので——

といったように、相手への社会的配慮を示しつつ、自分がわかる範囲とわからない範囲を明確にして話を続けることができます。

このように、「メタ言語」としての日本語を使いこなせるようになれば、獲得できることばやコミュニケーションの範囲が、ぐっと広がっていくのです。

3　「母が怒って、ドアを蹴りました」

次にとりあげる「わかりにくい日本語」には、やや複雑な文法が関わっています。

学生が書いた作文の中に、次のような文がありました。どのような状況を想像しますか。

私は、土曜日の夜、友だちと遊びに行って、夜おそく帰りました。母が怒って、ドアを蹴りました。

多くの方が、次のような状況を思い浮かべたのではないでしょうか。

この作文を読んだとき、私も「いくら息子の帰宅が遅かったからといって、怒ってドアを

蹴るなんて、ずいぶん行儀が悪いお母さんだな」と思いました。しかし、いくら息子が遅く帰ったとはいえ、お母さんが「ドアを蹴る」なんてありえないだろうと思い、学生に確かめたところ、彼が言いたかったのは、次のような状況だったことがわかりました。

なぜこのような誤解が生じたのでしょうか。どのような文であれば、彼が言いたかったことが、きちんと伝わったのでしょうか。

「Aて、B。」

「Aて、B。」という文で、AとBの主語が書かれていないと、ふつうはAとBの主語は同じだと解釈されます。

次の例を見てください。「歌を歌った人」と「踊った人」、「料理を作った人」と「食べた人」は、それぞれ同じ人だと解釈されます。

歌を歌って、踊りました。
料理を作って、食べました。

もし違う人の動作を言いたいなら、次のように、それぞれの主語をはっきりと書かなければいけません。

私　が　歌を歌って、池上さんが　踊りました。
池上さんが　歌を歌って、　私　が　踊りました。
宮崎さんが　歌を歌って、池上さんが　踊りました。

さきほどの例であれば、次のように「ドアを蹴った」というBの主語が「私」であることを、きちんと書けば誤解は生じなかったのです。

私は、土曜日の夜、友だちと遊びに行って、夜おそく帰りました。母が怒って、私がドアを蹴りました。

このようにすれば、「怒ったのが母で、ドアを蹴ったのが私」ということが、はっきりわかります。しかし、この文は、日本語として間違ってはいないけれど、なんとなくギクシャクした、不自然な感じがします。

「母が怒って」vs.「母に怒られて」

誰の動作なのか誤解を生じさせない方法が、もう一つあります。それは、「母が怒って」の部分を、「母に怒られて」という受身文(受動文)にすることです。次のようになります。

私は、土曜日の夜、友だちと遊びに行って、夜おそく帰りました。母に怒られて、ドアを蹴りました。

右の文では、「ドアを蹴った」というBの主語が明示されていません。それにもかかわらず、「怒ったのが母で、ドアを蹴ったのが私」ということがはっきりわかります。その解釈を助けているのが、「怒られて」という受身文です。

日本語の受身文は、次のような構造をもっています。

ふつうの文（能動文）

お母さんⓖが　子どもⓞを　叱る。
←動作主→　←被動作主→　←能動態→
クジラⓖが　イワシⓞを　食べる。

受身文（受動文）

子どもⓖが　お母さんⓝに　叱られる。
←被動作主→　←動作主→　←受動態→
イワシⓖが　クジラⓝに　食べられる。

このように、ふつうの文（能動文）と受身文（受動文）ではあらわしている状況は同じですが、構造が異なります。ふつうの文では、動作主（お母さん、クジラ）に「が」、被動作主（子ども、イワシ）に「を」が使われていますが、受身文では、動作主に「に」、被動作主に「が」が使われています。

また、受身文の動詞は「受身形（受動態）」になっています（だからこそ「受身文」と呼ばれるのですが）。動詞を受身形にするための活用規則は、次のようなものです。

・五段活用動詞は、語末のウ段の音をア段の音に変え、「れる」をつける。

ウ段の音　　ア段の音
叱る　↓　叱られる
読む　↓　読まれる
話す　↓　話される

・一段活用動詞は、語末の「る」をとり、「られる」をつける。

食べ~~る~~　↓　食べ＋られる
捨て~~る~~　↓　捨て＋られる

建て~~る~~　→　建て＋られる

助詞を変えたり動詞を活用させたり、何ともややこしいことです。ふつうの文でも同じ状況を言いあらわせるのに、どうして、わざわざ受身文など使わなければいけないのでしょうか。

受身文が本領を発揮するとき

たしかに、「イワシがクジラに食べられる」といった単文だけを見ている限り、受身文の存在価値は、いまひとつ明確ではありません。しかし、ひとたびある条件が整うと、受身文は、俄然、その本領を発揮するようになります。

まずは、次の二つの文を比べてみましょう。

（ア）母が私を怒って、　私がドアを蹴りました。

（イ）私が母に怒られて、私がドアを蹴りました。

（ア）と（イ）の文は、同じ状況をあらわしています。では、どこが違うのかというと、（ア）

の文では前件の主語が「母」であるのに対して、(イ)の文では、「私」であるということです。後件の主語はどちらも「私」ですので、(ア)では前件と後件では主語が異なりますが、(イ)では前件と後件の主語が同じということになります。

ここで注意しなければいけないのは、「動作主」と「主語」の違いです。「動作主」というのは、「その動作を行う人」をいいます。「母が私を怒る」「私が母に怒られる」という文では、どちらも「怒っている人」は「母」ですので、どちらも動作主は「母」になります。これに対して、「主語」というのは、文法上の概念です。研究者によって定義はさまざまですが、「助詞「が」がついている名詞」と考えると、「母が私を怒る」の主語は「母」、「私が母に怒られる」の主語は「私」になります。

これをまとめると、次のようになります。

(ア)	母が	私を怒って、	私が	ドアを蹴りました。
	主語＋動作主		主語＋動作主	
(イ)	私が	母に怒られて、	私が	ドアを蹴りました。
	主語	動作主	主語＋動作主	

ところで、「Aて、B。」という文に関する、主語のルールを覚えていますか？

「Aて、B。」という文で、AとBの主語が書かれていないと、ふつうはAとBの主語は同じだと解釈される。

というものでした。そこで、(ア)と(イ)の文から主語を抜いてみます。ドアを蹴ったのは、誰でしょうか。

(ア) 私を怒って、　ドアを蹴りました。
(イ) 母に怒られて、ドアを蹴りました。

(ア)でドアを蹴ったのは「私を怒った人」、(イ)でドアを蹴ったのは「母に怒られた人」。まったく正反対の意味になることがわかります。これこそが、受身文が本領を発揮する条件です。前件の「怒って」が「怒られて」という受身文になり、主語が変わることによって、後件の主語の解釈に影響を及ぼすようになるからです。

文脈が主語の解釈を助ける

しかし、(ア)と(イ)では、ドアを蹴った人が正反対の意味になることはわかっても、この文だけを見ていたのでは、それが誰かまではわかりません。(（ア）では、「私ではない」ということだけはわかります。)

もともとこの文は、作文の中で、次の文に続けてあらわれたものでした。

私は、土曜日の夜、友だちと遊びに行って、夜おそく帰りました。

右の文の主語は「私」です。また、「私が」ではなく、「私は」であることから、「私」が単なるこの文だけの主語ではなく、文章全体に関わる主題でもあることがわかります。この後ろに、(イ)の文を続けてみます。

私は、土曜日の夜、友だちと遊びに行って、夜おそく帰りました。母に怒られて、ドアを蹴りました。

いかがでしょう。(イ)の文だけでは、母に怒られてドアを蹴った人物が誰かはわかりませんでしたが、冒頭の「私は」によって、それが「私」であることがわかるようになりました。

この文は、さきほど見た左の文より、とても自然なつながりに感じられます。

私は、土曜日の夜、友だちと遊びに行って、夜おそく帰りました。母が怒って、私がドアを蹴りました。

そして、この自然なつながりは、

「私は」における「は」の働き
「怒って」→「怒られて」と受身に変えることによる主語の交替
「Aて、B。」という文における、A、Bの主語の解釈

という三つの文法が、複雑に絡み合うことによって生みだされているものなのです。

4 「誤用」のコレクション

この章で見てきた文と比べると、次の文には、明らかな間違いがたくさん含まれています。

先週、行きます。

誰はこれを買うましたか。

にちよびも日本語べんきょする。

しかし、もしこのような文を聞いたとしても、私たちはそれほど混乱しません。何が言いたいかをすぐに汲みとることができます。「言いたいことが汲みとれる」というのは、

先週、行きます[↓行きました]。

誰は[↓が]これを買うました[↓買いました]か。

にちよび[↓にちようび]も日本語[↓日本語を]べんきょ[↓勉強]する。

というように、頭の中ですぐに間違いを修正したり、語句を補ったりすることができるということです。

ところが、

今日は本当にネコ暑いですね。

母が怒って、ドアを蹴りました。

といった文の場合は、明らかな形の間違いがないにもかかわらず、言われたほうは混乱しました。「わかりにくい日本語」に接したとき、私たちは、しばしば自分の経験の中だけで、間違いを修正したり、語句を補ったりしてしまいがちです。

しかし、母語話者である私たちと学習者とでは、頭の中にもっている日本語の体系や発想が異なります。その結果として、母語話者には想像もつかない誤用があらわれ、それが「修正しにくさ＝わかりにくさ」につながっていることもあるのです。

「わかりにくい日本語」に接したとき、「まだ日本語が下手だから」とか「やっぱり日本人じゃないから」などと、一方的に外国人の日本語力のせいにするのではなく、「日本人が考えてもみないところからくる間違いなのかも……」と想像を巡らせてみるのはどうでしょう。こうした「誤用」のコレクションを、日本人がたくさんもつことによって、ことばの壁を、楽々と乗り越えられるコミュニケーションの方法が見えてくるかもしれません。

あとがき

本書では、日本語学習者の質問や誤用を手がかりに、日本語を「外国語として」見てきました。ふだんほとんど意識することのない日本語ですが、母語話者には考えもつかない質問や誤用がきっかけとなり、日本語のおもしろさ、奥深さを少しでも感じていただけたなら、これほどの喜びはありません。

それと同時に、次のような心配もしていました。それは、「日本語っておもしろい」「日本語って奥が深い」という印象が、「日本語って難しい」へと姿を変え、やがて「日本語は日本人にしかわからない」「だから外国人には使いこなせない」という方向に進んでいってしまったらどうしよう、というものです。

日本語教育というと、「日本語がわからない外国人」と「日本語教師という一部の人たち」の間だけで行われている、特殊な活動のようにとらえられがちです。「日本語がわかる私たちには関係ない」と他人ごととして語られます。その一方で、言語を超えたコミュニケーションをめざして、外国語学習に励む日本人がいます。

でも……、言語の違いを乗り越えるには、「日本人が外国語を勉強して、上手に話せるようになる」あるいは「外国人が日本語を勉強して、日本人のように話せるようになる」という二つの選択肢しかないのでしょうか。「日本人が日本語を勉強して、日本語を客観的にとらえられるようになる。それによって、外国人のたとえつたない日本語であってもそれを理解したり、自分の日本語をわかりやすく言い換えたりすることができるようになる」という三つめの選択肢も、あっていいのではないかと思います。

日本語教育は、外国人のためだけではなく、日本人のためでもある。留学生に日本語を教えながら、いつもそんなことを考えています。

なお、本書の内容の一部には、次の著書の例文や説明に加筆、修正したものが含まれています。同書の利用をご快諾くださった関係者の皆さまに、改めて御礼を申しあげます。

小林ミナ(二〇〇五)『日本語の文法――応用』、NAFL日本語教師養成プログラムテキスト、株式会社アルク刊

最後に、仕事の遅い筆者に辛抱強く、辛抱強くおつきあいくださり、時折「お原稿、いかがですか(ニコッ)」と励ましにあらわれてくださった岩波書店編集部の浜門麻美子氏に心か

ら感謝のことばを捧げます。

二〇〇七年一月

小林ミナ

■岩波オンデマンドブックス■

外国語として出会う日本語

2007 年 2 月 27 日　第 1 刷発行
2011 年 1 月 6 日　第 3 刷発行
2015 年 1 月 9 日　オンデマンド版発行

著　者　小林《こばやし》ミナ

発行者　岡本　厚

発行所　株式会社 岩波書店
〒101-8002 東京都千代田区一ツ橋 2-5-5
電話案内 03-5210-4000
http://www.iwanami.co.jp/

印刷／製本・法令印刷

ISBN 978-4-00-730180-3　　Printed in Japan